सोचती हैं औरतें

[कविता-संग्रह]

सोचती हैं औरतें

कुमार नयन

राधाकृष्ण प्रकाशन

मंत्रिमंडल सचिवालय, राजभाषा विभाग, बिहार सरकार के अंशानुदान से प्रकाशित

ISBN : 978-81-8361-880-9

सोचती हैं औरतें

© कुमार नयन

पहला संस्करण : 2018

मूल्य : ₹350

प्रकाशक

राधाकृष्ण प्रकाशन प्राइवेट लिमिटेड

7/31, अंसारी मार्ग, दरियागंज, नई दिल्ली-110 002

शाखाएँ : अशोक राजपथ, साइंस कॉलेज के सामने, पटना-800 006

पहली मंज़िल, दरबारी बिल्डिंग, महात्मा गांधी मार्ग, इलाहाबाद-211 001

36 ए, शेक्सपियर सरणी, कोलकाता-700 017

वेबसाइट : www.radhakrishnaprakashan.com

ई-मेल : info@radhakrishnaprakashan.com

मुद्रक : बी.के. ऑफसेट

नवीन शाहदरा, दिल्ली-110 032

SOCHATI HAIN AURATEN

Poems by Kumar Nayan

उन असंख्य अतिसाधारण अनाम लोगों के नाम जिनके
असाधारण कार्यों से दुनिया रोज़ बनती है

अनुक्रम

उलट बाँसी

समझता रहा जिन्हें अपढ़, अज्ञानी, गँवार, तुच्छ
बिताया जिन्होंने अपना बचपन
बारिश की शीतल फुहारों में
माटी में लोट-लोट लिये ख़ूब मज़े
चिक्का, कबड्डी, गुल्ली-डंडा, लुका-छिपी खेल के

किताब-क़लम थामने का जब आया स्वर्णिम वक़्त
मुफ़्लिस हाथों ने थाम लिये कुदाल फावड़े, हथौड़े
हल की मूठ, सवारी गाड़ी के हैंडिल
पहरेदारी करते रहे सरहदों, महलों, कारख़ानों के साथ
ईमान, आबरू, इज़्ज़त, ख़ुद्दारी की जो

ईश्वर मान पूजते रहे
माँ-बाबूजी, भाइयों-भौजाइयों को
ज़माने के क़ानून-नियम, रीति-रिवाज
भूत बन डराते रहे जिन्हें
जी रहे हैं पसीने में लथपथ
भय, आशंका के मारे हर पल
मर-मर कर अभी भी जो

देखना चाहता हूँ उनकी आत्मा के आईने में
अपना चेहरा और ज़मीर
कहीं वही तो नहीं मैं
जो उन्हें समझता रहा अब तक

प्रायश्चित

आओ उठायें पृथ्वी को अपने कन्धों पर
बहुत दिनों तक इसने उठाया हमें
अब इसे आराम दें
बूढ़ी-थकी आँखों में इसकी आने तो दें
ख़ुशी के दो बूँद आँसू

इससे पहले कि हमारे कान उमेठे
हौले से एक चपत जड़े
लिपट जायें इसके पैरों से
अपने कान पकड़ खायें सौगन्ध विकार रहित शब्दों में
नहीं उठायेंगे बवंडर कोई युद्ध का
नहीं करेंगे मज़हबों के साथ बलात्कार
रहने नहीं देंगे अब
शब्दों-भाषाओं का कवच अपनी आत्मा पर
चाँद-सूरज की भाषा होगी अपनी
धर्म भी उन्हीं का
छोड़कर आदमी के बनाये धर्म
प्रकृति का अनुसरण करेंगे
अन्तर्मन खोल देंगे पूरी तरह
निकलने देंगे मनुष्यता के उन्मुक्त भाव
मुक्त करेंगे पहले स्वयं को
फिर बादल, हवा, जल सब होंगे मुक्त
पिंजड़ों से सरहदों तक

हमें नहीं था पता माँ!
पेड़ हो या आदमी

गिरता है जब-जब बेबस, लाचार, अशक्त हो
भहराकर
दरकता है तब-तब तुम्हारा ही कलेजा
टपकते हैं लहू के क़तरे तुम्हारी ही आँखों से
हर बार तुम्हीं पहुँचती हो मौत के क़रीब
सचमुच हमें नहीं था पता
हमें बचाने के लिए
लड़ती रही हो हर दिन
जाने कितनी-कितनी सुनामियों से
और यह भी कि
प्रेम से बड़ा नहीं कोई चमत्कार
जो ज़िन्दा रख सके हमारी प्रज़ाति

यह समय

समय अब कहीं से नहीं लग रहा हहराती हवा
न नदी का उफनता पानी ही
चूल्हे की राख में तब्दील हुआ
यह आग का अजीब समय है
तालाब के किनारों में घिरा
ठहरा हुआ पानी जैसा
शायद यह बेबस और लाचार समय
किसी पंख कटे परिन्दे की तरह
ज़मीन पर धराशायी है
अब इसे क्या कहा जाये जो ख़ुद को
इतिहास से काटने पर तुला हुआ है

पहाड़ बना बिल्कुल चुप खड़ा है समय
जिस पर घास-पात पेड़ बन
उग रहा हो आदमी भले ही
पर अपने संघर्षों को नहीं उगा पाने की पीड़ा से
कहाँ बच पा रहा है
अति हिंसक और अति अहिंसक पाटों के बीच फँसा
चना हो गया है समय
जिसके बारे में सोचना
अब कबीरों तक ने छोड़ दिया है
इस अजीब बेशक्ल समय को पहचानना
अपने थूक घोंटने के स्वाद जैसा है
और इससे सटना
एड्स के कीटाणुओं को निगलने जैसा

पतुरिया की तरह भद्दे इशारों से
अपने कोठे से बुलाते समय पर
अब कोई मर्द ताकता तक नहीं
इसमें एक औरत जैसी कोई बात ही नहीं
क्या पता ज़नख़ा भी है या नहीं
शायद यह कोई समय ही नहीं है
या नहीं है अभी कोई समय का समय
पर इतना तो पता है हर काल-पुत्र को
नहीं रह सकता कोई समय जीवित
होकर निरपेक्ष आदमी से कभी
जैसे आदमी नहीं जी सकता
समय की ख़ामोशी में डूबकर

देवड़ा के भाइयों की आत्मश्रुति

हे देवड़ा गाँव की राजस्थानी स्वर्गवासी बहनो!
तुम्हारे नहीं, हमारे कारण इस साल फिर
पिछले साल की तरह हमारे गाँव नहीं आया
रक्षा-बन्धन का त्योहार
आई केवल उसकी तिथि
उन्हीं भयानक वारदातों की तरह
जो तुम्हारे गर्भस्थ जीवन में लाई गई थीं
हमारे पिताओं द्वारा
गाँव के सारे लड़कों की तो घिग्घी बँधी रही
टिकी रहीं नज़रें
सूनी कलाइयों पर इस पूरे दिन
चुभता रहा तुम्हारी अनुपस्थिति का डंक
शरीर, मन, आत्मा में एक साथ
बिजली चमकती रही और हम समझते रहे
कि हे हमारी क्रूर सभ्यता के
मत्थे चढ़ीं दिवंगत बहनो!
तुम सब हमारी तकलीफ़ों पर ठठाकर हँस रही हो

इस पूरे दिन चुराते रहे पिता
हमारी माताओं से अपनी आँखें
गाँव का हर आदमी गुमसुम पड़ा रहा अकेला
अपने भीतर चीख़ों, अट्टहासों का ज्वार-भाटा लिये
और हम भाइयों की पीड़ा मत पूछो
पृथ्वी की पीड़ा से भी बड़ी हो गई थी
क्योंकि इस साल गाँव की किसी भी दुकान पर
राखी नहीं बिकी थी

सच तो यह है
दुकानदार इस दिन मारे शर्म और ग्लानि के
अपनी-अपनी दुकान बन्द कर ग़ायब हो गये थे
हमारे पास तो पाताल में समा जाने के सिवा
और कोई चारा नहीं था
जहाँ का एक-एक पल
हज़ार-हज़ार बर्छियों से कम न था
वहाँ भी हम तुम्हारे रक्त के
बहते पनालों की ज़द में पड़े
किसी खगोलीय विस्फोट की मानिन्द
सुनते रहे थे पृथ्वी की भाषा में तुम्हारा शाप—
एक दिन कहीं नहीं बचे
किसी को जन्म देने के लिए कोई एक अदद माँ!

लड़कियाँ

एक

भूत बन डराती है उनकी उम्र
पिता काँपता है
कहीं उनकी उम्र का तूफ़ान
उड़ा न दे उसकी पगड़ी
जिसकी आन-शान ख़ानदान-दर-ख़ानदान
बचाई जाती रही है
उनकी परछाइयों तक पर पहरे बिठा

दो

नदी की विकराल बाढ़-सी उनकी उम्र
लील जाने को आतुर है
घर का बचा-खुचा सुख-चैन
सोचती हुईं वे गले में फंदा डाल
पंखों से लटक जाती हैं
अपने जाने मुक्त करती हुई
चिन्ता की बेड़ियों से पूरे घर को

तीन

जलती हैं मोमबत्तियों-सी चुपचाप
अपनी इच्छायें पिघलाती हुईं
अन्धकार की लक्ष्मण-रेखा में घिरी
थरथराती है जब जीवन की लौ

तब जैसे कथक की अनेक मुद्रायें
तुम्हें हराने की चुनौती देती हैं

चार

बहुत ठीक-ठाक हैं पढ़ाई में
खेल में निपुण
स्वस्थ, आकर्षक, सुन्दर
नहीं दिखती उनमें कहीं से कोई कमी
फिर भी चयनकर्ता चाहते हैं देखना, परखना
वह प्रमाण-पत्र भी जिस पर लगी हो
शुचिता, सौम्यता, शास्त्रों की मुहर

पाँच

घर से गली
गली से सड़क
सड़क से बाज़ार तक का सफ़र
उनके लिए एवरेस्ट की चढ़ाई है
जिसमें हर लम्हा बर्फ़ीली हवा
छेदती है अंग-प्रत्यंग
और रखने होते हैं पाँव
फूँक-फूँक कर बड़ी चौकसी के साथ

छः

उनकी चीख़ें फूटती हैं ढोलक की थापों में
गीतों में गूँजती हैं
दिखती हैं पैरों की थिरकन में
कि आज भी लोक-कथाओं की तरह
उन्हें जीत ले जाता है कोई राजकुमार
अपनी पटरानियों के साथ
राजमहल में क़ैद कर देने के लिए

सात

उनके पास सिर्फ़ प्रेम है
जिसे वे तरल बनाये रखती हैं हर पल
इसके लिए न तो वे बादलों से याचना करती हैं
न नदी से न कुयें से कोई प्रार्थना
जब भी सूखने को होता है उनका प्रेम
तरल कर देती हैं उसे अपने आँसुओं से

बदशक्ल लड़कियाँ

गाँव की पगडंडी की तरह
बहुत शान्त और सरल होती हैं बदशक्ल लड़कियाँ
मौसम की तरह समय पर
जाड़ा, गर्मी, बारिश ले आने का हुनर रखती हैं
न मालूम कैसे ख़ुद-ब-ख़ुद सीख जाती हैं
हर काम की तमीज़

गुलाबों सी अपनी सहेलियों के बीच
कटहरी की ख़ुशबू बनना चाहती हैं बदशक्ल लड़कियाँ
कँपकँपाती ठंड में
अपनी माँओं, पिताओं, भाइयों, बहनों के लिए
अँगीठी बनना चाहती हैं
चाहती हैं बन जाना हर किसी के लिए
राहत भरी ठंडी हवा का झोंका
अपने ऊबड़-खाबड़ पठारनुमा नाक, होंठ, गालों
बेढंगे शरीर के अन्त्स से निकालना चाहती हैं
ढेर सारे क़ीमती खनिज-पदार्थ

इसी फिराक में दिन-रात लगी होने के कारण
झुलस देती हैं अपने तमाम जायज़ सपने
अपने काले चेहरे छूते-छूते बदशक्ल लड़कियों के हाथ
रात के अँधेरे में भी
ख़तरों से जूझने का गुर सीख लेते हैं

बदशक्ल लड़कियाँ अक्सर आईना नहीं देखतीं
देखती हैं अपने सामने की दुनिया, उसकी आँखें

और उनमें तैरतीं अपनी प्रतिक्रियायें
मन में आशाओं का हरा जंगल उगाये
बदशक्ल लड़कियाँ सोचती हैं
एक-न-एक दिन ज़रूर चमकेगा
दुनिया की आँखों में आत्मा को दिखानेवाला
आईने की तरह कोई सूरज
तब दुनिया पहचानेगी ही
ज़मीर की ख़ूबसूरती

औरत जब ग़ुस्सा करती है

औरत जब ग़ुस्सा करती है
तब चिता की आग नहीं बन पाती
नहीं बन पाती आसमान से सनसनाती हुई आकर
ज़मीन को चीर देनेवाली बिजली
या जेठ की दोपहर का सूरज
बादलों की मानिन्द नहीं गरज पाता उसका ग़ुस्सा
मूसलाधार बारिश की तरह
अपने वजूद का लोहा नहीं मनवा पाता
घहराती बुढ़िया आँधी का विकराल रूप ले
नहीं मजबूर कर पाता किसी को अपने बचाव के लिए

उसका ग़ुस्सा फूटने के बजाय तमतमाता भर है
जो बनता हुआ समुद्र की पछाड़ें
तटों से अपना ही माथा फोड़ क्षत-विक्षत हो
लौट-लौट जाता है अपने ही भीतर
ग़ुस्साती औरत चूल्हे की राख़ बन धुआँती भर है
धुआँ पीते हुए घुटते दम के बीच कोसती है
अपने भीतर की स्त्री को और अक्सर भूल जाती है
उसे किस बात पर ग़ुस्सा आया था
किस पर ग़ुस्सा आया था
उस वक़्त तो जूझने लगती है एक आदिम सवाल से
जो उसे बिच्छू के डंक की तरह चुभने लगता है
क्यों नहीं हासिल है
उसे भी ग़ुस्सा करने का अधिकार!

औरत जब ग़ुस्सा करती है
औरत होने का मतलब
और उसकी पीड़ा समझ जाती है

सोचती हैं औरतें

सोचती है ज़मींदार की औरत
सोने-चाँदी के पिंजरे में ग़ुलाम पंछियों की फड़फड़ाहट
क्या नहीं महसूसेगी दुनिया कभी!
अक्षुण्ण रखने को पुरुषों की मर्यादा
सीता की अग्निपरीक्षा दुहराता रहेगा इतिहास आख़िर कब तक!
सात दरवाज़ों के भीतर पलंग तोड़तीं
पत्थर की मूर्तियों का दर्द
क्या कम गहरा होता है किसी महासागर से
जिसके तल से नहीं उपलातीं कभी सिसकियाँ या खिलखिलाहटें!

सोचती है पूँजीपति की औरत
कितनी होती है जानलेवा टेलिफ़ोन, मोबाइल की घंटी
जिसमें हो जाती हैं गुम
चन्द अदद इच्छायें खुलकर हँसने की
बचपन में देखे गये मीठे सपनों को चाटने की
क्लबों, सट्टों, शेयरों का नशा
कितना होता है ज़बरदस्त कि तोड़ देती हैं दम
बोर्डिंग में रहते बच्चे को कलेजे से सटाने
और नींद में बेहोश अपने आदमी को
प्यार करने की इच्छायें!

सोचती है मज़दूर की औरत
कितने-कितने होते हैं मोर्चे लड़ाई के
गोलियाँ कहीं भी चलें
क्यों घुस जाती हैं आकर रोटी-नमक
चूड़ियों की खनक, पायलों की झनक में

क्या बच्चों से स्तन नुचवाते हुए मर्द का हुक्म बजाने
और रोटियों की जुगत बिठाने को ही
कहती है यह दुनिया अनमोल जीवन!

सोचती हैं सभी औरतें
कब तक रहेगी उनपर
आधी दुनिया की कुंठाओं की प्रेत-छाया
धरती का आक्रोश तो फूटता है
ज्वालामुखियों, सुनामियों, भूकम्पों में
पल-पल आग से गुज़रतीं
मौत को पछाड़ने वाली
निडर, जांबाज़ कलाइयों का आक्रोश
आख़िर कब फूटेगा!

शान्तिनगर की बेटियाँ

ठंड की ठिठुराती हवा के बीच जब निकलती हैं
घर से तैयार हो ताज़ादम हर सुब्ह
पीठ पर स्कूल-बैग लिये हमारी बेटियाँ
उसके कोई घंटा भर पहले ही
मौसम को पछाड़तीं
बिना नहाये-धोआये, न कुछ मुँह में लगाये
कभी-कभी तो बिना शौच हुए ही निकल पड़ती हैं
शहर की सड़कों पर शान्तिनगर की बेटियाँ
पीठ पर रद्दी सामानों की शक्ल में
अपने बचपन का बोझ उठाये
दौड़ती-फिरती हैं अक्सर नंगे पैर
फटे-पुराने, मैले वस्त्रों में कचरों की तलाश में
जितनी कम उम्र है उनकी
उतनी ही उम्रदराज़ लगती हैं उनकी आँखें
गिद्ध-दृष्टि कि कचरों के ढेर में
एक नज़र में ही पहचान लें
कबाड़ीवालों के हाथों बिक सकनेवाली चीज़ें

स्कूल-बस में, साइकिल से, किसी बाइक पर
या सरपट पैदल जातीं
हमारी बेटियों की चमचमाती लकदक पोशाक पर
नहीं ठहर पातीं दो-चार सेकेंड से अधिक
शान्तिनगर की इन उपेक्षित, उत्पीड़ित बेटियों की बिनधुली आँखें
जो नाप लेती हैं इतनी ही देर में
अपने और उनके बीच खड़े विशाल पहाड़ की ऊँचाई

जब हमारी बेटियाँ स्कूल के टिफ़िन में लंच-बाक्स खोल
स्वादिष्ट व्यंजनों पर व्यग्रता से टूट पड़ती हैं
लगभग इसी वक़्त भूख से ऐंठते अपना पेट दबाये
कबाड़ीवाले के यहाँ अपनी बोरियों का मुँह खोल
वे चुने हुए सामानों का दाम लगवाती हैं
स्कूल से लौटकर जब आराम करती हैं हमारी बेटियाँ
वे मुट्ठियों में बन्द किये
अपने सामनों के बीस-तीस रुपये
थके क़दमों से बतियाते हुए चलती होती हैं
फिर कहीं दस-बारह रुपये में लिट्टी-घुघनी खा
आधी भूख मिटाती अपनी झुग्गियों को लौटती हैं

शाम ढलते जब हमारी बेटियाँ अपने बेडरूम में
पढ़ाई करती या टी.वी. पर प्रोग्राम देखती हैं
वे अपनी माँओं के साथ लकड़ी के चूल्हे पर
धुआँ खाती हुई खाना बनाती हैं आशंकित सी—
कहीं नशे में धुत्त उनके बापू न आ धमकें
महाभारत मचा भूख और रोटी के बीच ख़लल डालने

रात के भोजन के उपरान्त कटोरी भर दूध पी
जब हमारी बेटियाँ गर्म बिस्तर पर नींद की आग़ोश में
अपने कैरियर के सुखद भविष्य के सपने देखती हैं
वे फटे कम्बलों में गठरी बनीं अक्सर नींद में
बुरे सपनों के बीच चिहुँक उठती हैं बार-बार
स्वप्न में यह दुनिया उन्हें राक्षस दिखती है
हमलोग--बिच्छू, ज़हरीले नाग
और देवी-देवता, ईश्वर—छली, पक्षपाती, विश्वासघाती, निर्मम
वे हर घटना हर बात को
हमारी बेटियों की उल्लसित नज़रों से नहीं,
अपनी भयभीत, आशंकित आँखों से देखती
समझती, सोचती, गुनती हैं
दरअस्ल अपने विषाक्त जीवन में हर दिन
मृत्यु का स्वाद चखते-चखते निहायत ही
अशान्त हो चुकी हैं शान्तिनगर की बेटियाँ

वह स्त्री

वह स्त्री जो रोज़ जाती है ईंट-भट्ठे पर काम करने
क्या स्त्री होने का अर्थ जानती होगी!
यदि जानती होगी तो क्या जान गई होगी
वह स्त्री है या नहीं
अच्छा है वह न जाने
स्त्री होने का अर्थ और उसका मर्म

उसका मरद नशे में धुत्त हो अक्सर उसे पीटता है
इस पिटने को वह दिल पर कभी नहीं लेती
बल्कि प्यार ही मानती है
रोज़ उसे खाना देती है
उसका कपड़ा फींचती है
हर सुब्ह बिना नहाये-धोआये
रात की बासी रोटी नमक के साथ खा
निकल जाती है दो मील दूर काम करने
उसका मरद कभी जाता है कभी नहीं
काम से लौटते वक़्त ज़रूर साथ हो जाता है
उस वक़्त उस स्त्री के पाँव
उसकी परछाईं से भी तेज़ चलते हैं
जबकि उसका मरद थकावट, झुँझलाहट से चूर
उसके पीछे-पीछे चलता है रिरियाता हुआ
अपनी नज़र उसकी मज़दूरी के पैसों पर गड़ाये

वह अपनी झोपड़ी को रोज़ घर बनाती है
और उसका मरद रोज़ घर को राख
काम से लौटकर वह रोज़ नहाती है

सजती, सँवरती, सपना देखती है
अपने मरद को प्यार से समझाती है
मरद होने का अर्थ उसका मर्म
जिसका अन्त उसके पिटने से होता है

कई सालों से वह रोज़ ही ऐसा करती है
यह उसकी आदत है या फ़ितरत
या हार नहीं मानने की ज़िद
या फिर स्त्री होने के अर्थ को
भोगने की तीव्र लालसा
जो भी हो किन्तु तय है
वह एक पूर्ण स्त्री है
जिसे पता नहीं
उसकी मुट्ठी में महाकाल है

वे दोनों लड़कियाँ

वे दोनों लड़कियाँ साथ रहती हैं
दो विपरीत घरानों में पैदा होकर भी
एक मालकिन की दूसरी नौकरानी की
दोनों पढ़ती हैं साथ-साथ एक ही कक्षा में
दोनों का सोच एक, चिन्तन एक
दोनों मेधावी, व्यवहार कुशल
दोनों की माँओं में वर्गीय संस्कार की दूरी के बावजूद
दोनों लड़कियों में दाँत कटी दोस्ती

मालकिन की बेटी का नौकरानी की बेटी को उलाहना
—क्यों दीदी! तू मुझसे किताबों के सिवा
कुछ और क्यों नहीं माँगती कभी!
—क्यूँ माँगू, ज़रूरत हो तब न?
—मेरा सबकुछ तुम्हारा है दीदी, संकोच न करना कभी
—मैंने तुझसे कब संकोच किया है, छोटी?
नौकरानी की बेटी का उत्तर प्रश्न में मिलते
मालकिन की बेटी के सहानुभूति से भरे शब्द टपकते हैं
—सर्वेंट क्वार्टर में रहते हुए
तुम्हें कितनी तकलीफ़ है, पता है मुझे...
—नहीं रे, तू क्या कम कष्ट झेलती है मेरे लिए!
—अच्छा बता, तू अपना कमरा छोड़कर
मेरे कमरे में क्यों नहीं आ जाती?
—माँ को बुरा लगेगा न!
—नहीं दीदी, उसे वही अच्छा लगता है, जो मुझे पसन्द हो...
—मैं तुम्हारी माँ की नहीं, अपनी माँ की कह रही हूँ
नौकरानी की बेटी के उत्तर पर मालकिन की बेटी चुप रह जाती है

फिर दोनों की परीक्षायें होती हैं साथ-साथ
विशिष्टता के साथ दोनों उत्तीर्ण होती हैं
मालकिन की बेटी के अंक कुछ अधिक हैं
अपराध-बोध के स्वर में कहती है
—अफ़सोस है दीदी मेरे अंक कुछ अधिक आ गये...
रंज होते हुए नौकरानी की बेटी तत्क्षण बोल पड़ती है
—छोटी, यदि मेरे अंक अधिक आते
तो मैं स्वयं को माफ़ नहीं कर पाती कभी
तूने अधिक अंक लाकर मेरी इच्छा पूरी कर दी है
—अच्छा दी...यह तो बताओ
तुम जीवन में क्या बनना चाहती हो?
—कुछ नहीं, बस तेरी जैसी उदात्त विचारों वाली लड़की...
—तो फिर मैं क्या बनूँ, यह तो बताओ
—वृत्ति चाहे जो अपनाना, किन्तु वर्गविहीन समाज की
संरचना में कोई कोर कसर बाक़ी न रखना
—यही तो मैं तुमसे सुनना चाहती थी दीदी!
कहते हुए मालकिन की बेटी उसके कन्धे पर सिर रख
धीरे से पूछती है
—वह क्या है जो हम दोनों को एक ही विचारों में बाँधता है?
—प्रकृति की मूल चेतना की समझ,
सम्पूर्ण संवेदनाओं के साथ उस पर समर्पण, छोटी!
—तो फिर क्यों न एक बार फिर
प्रेमचन्द का (उपन्यास) 'रंगभूमि' पढ़ा जाय
और दोनों एक साथ चल पड़ती हैं
मालकिन की बेटी के अध्ययन-कक्ष की ओर

वह लड़की

आरोपित कर रही है वह लड़की
समाज के कई शरीफ़ों को
कई सम्पन्न घरानों की उड़ा डाली हैं नींदें
दबंगों की धमकियाँ उसके भीष्म संकल्प से टकरा
चकनाचूर हुई जाती हैं
अपने साथ हुए गैंग-रेप के आरोपियों को
पहचान गई है
पुलिस के नर्मरुख़ के बावजूद उसके दृढ़ निश्चय ने
दुष्कर्मियों को सलाख़ों के पीछे भेज दिया है

स्पीडी ट्रायल से पूर्व जारी है उसके साथ
हर हथकंडा—साम, दाम, दंड, भेद का
पहले उसके दुश्चरित्र होने की अफ़वाह
फिर उसकी क़ीमत दस लाख...बीस लाख
तब ज़ाति-धर्म की दुहाई दे ग़ोलबन्दी की साज़िश
यह भी निष्फल तो जान से मारने की धमकी
माँ-पिता, भाई-बहन सभी को
और अन्त में दया की भीख

शह्र में चर्चा गर्म है
—सत्रह साल की इंटरमीडिएट की
इस बलात्कृत छात्रा ने तो औक़ात बता दी है
दुष्कर्मियों, उनके परिजनों, पक्षधरों की
अजीब निकली यह लड़की भी
ऐसी शर्मनाक घटना के बाद जिसने
न अपना मुँह छिपाया, न रोया-धोया

अस्पताल से छुट्टी के दूसरे दिन ही
कॉलेज पहुँच कर ली अपने पक्ष में
स्टूडेंट्स की बहुत बड़ी जमात
फिर शहर के सभी स्कूलों-कॉलेजों में घूम-घूम
सबको पिला दी अपनी घुट्टी
बला की ताक़त, अद्भुत जादू है उसके आह्वान में
एक इतिहास बन गया ज़िला न्यायालय के समक्ष
असंख्य युवाओं, युवतियों का प्रदर्शन
और 'बलात्कारियों को फाँसी दो' का गगनभेदी ना'रा
काँप रहे हैं दुष्कर्मियों का साथ देने वाले
वकील मुकर गये हैं बचाव में खड़ा होने से
कल से होने वाले स्पीडी ट्रायल के दौरान
पुलिस-बल का विशेष इन्तज़ाम है
सिर्फ़ पुलिस को ही नहीं, पूरे शह्र को आशंका है
कहीं छात्र-छात्राओं, युवाओं, नागरिकों की अपार भीड़
दुष्कर्मियों पर टूट न पड़े टिड्डियों की तरह

गार्गी

वक़्त की क्रूरता से मुठभेड़ करती
यौन शुचिता से मुक्ति का आह्वान
अभिव्यक्ति-स्वतंत्रता को क़लम की नोक से
आकाश की ऊँचाई में उछालती एक लड़की
जो अब औरत बन गई है
एक चिकित्सक जो अब लेखिका बन
चुनौती बन गई है कई देशों की सरकारों
आतंकी संगठनों, धर्म गुरुओं, मर्दवादी समाजों के लिए

फ़िलहाल शरणार्थिन बनी जी रही है
अभिव्यक्ति-स्वातंत्र्य, पंथ निरपेक्षता को मुकम्मिल तौर पर
इनका मतलब समझाती हुई
अभिव्यक्ति वह ही नहीं
जो सरकार को पसन्द हो, विपक्ष को पसन्द हो
धर्म ग्रन्थों, धर्म गुरुओं को पसन्द हो
वह भी, जो किसी को पसन्द नहीं, ज़माने को पसन्द नहीं
किसी के ईश्वर को पसन्द नहीं
उगल रही है अपने शब्द ताबड़तोड़
पुरुष वर्चस्व, हिंसा, क्रूरता, नापसन्दगी के विरुद्ध
नहीं पसन्द करते जिन्हें बहुत सारे शक्तिशाली
प्रतिष्ठित लोग, धर्मसत्ता, धर्मग्रन्थ, उनके अनुयायी
बावजूद इसके वह बोले जा रही है
लिखे जा रही है शब्द, विचार, वर्जनायें
विचारों की दुनिया में खलबली मचाती हुई
पृथ्वी के मानचित्र में हरे-सफ़ेद रंगों से
पच्चीकारी करती जा रही है

कुछ लोग उसे ज़िद्दी कह रहे हैं
कुछ वर्चस्ववादी लेखिका
कुछ उस पर दुश्चरित्रता का आरोप मढ़ रहे हैं
कुछ बुरे वक़्त की बुरी लेखिका क़रार दे
चर्चित होने का नुस्ख़ा जाननेवाली प्रचारित कर रहे हैं
मगर ठहराते हुए कुछ लोग उसके लेखन को
सही वक़्त पर सही हस्तक्षेप
साँप का विष उतारने का मंत्र बतला रहे हैं

इनसे बेपरवाह वह चिल्लाये जा रही है—
उसका धर्म आसमान का, पृथ्वी का, बादल का, हवा, नदी का
गर्भस्थ शिशु का
खेलते हुए और स्कूल जाते हुए बच्चों का धर्म है
अपने सिर पर लटकती तलवारों के बीच
लगातार चिग्घाड़ती जा रही है—
जिस धर्म के सहारे बादशाह, सामन्त, सत्ताधारी, शासक-ग़ुलाम
बनते और बनाये जाते हों
स्त्रियाँ दोयम दर्जे की समझी जाती हों
स्वतंत्र-अभिव्यक्ति पर फाँसी दे दी जाती हो
उसे धर्म नहीं हिंसा, अत्याचार का विधान कहो

जी रही है अपने शब्दों में
चुनौती बनी पिछले तीन दशकों से
उसके सिर पर घोषित है करोड़ों रुपये का इनाम
उस पर ख़ुदा के क़हर के लिए प्रार्थनायें जारी हैं
करोड़ों, बद्दुआओं के बीच सलामत
वह स्वस्थ, जीवित औरत
अभी भी बोलती जा रही है—
स्वतंत्रता और प्रेम के सिवा कोई धर्म नहीं
धारण किया जा सकता है जो बिना किसी ईश्वर के

माँ को लिखीं चिट्ठियाँ

कबाड़ीवाले को बेचने के लिए
रद्दी सामानों को छाँटते हुए
एक पुराने ज़ंग खाये बक्से से
माँ को लिखीं कुछ पुरानी चिट्ठियाँ मिलीं
सैंतीस साल पूर्व उन्हें मैंने 'छिपादोहर' (झारखंड) से भेजा था
मैंने चिट्ठियाँ कई बार पढ़ीं
उन्हें पत्नी को पढ़ाया
अपने लड़कों, बहुओं को भी
यहाँ तक कि नौ वर्षीय पोते को भी
उनकी तारीख़ें भी पढ़ाईं
सन् 1979 अप्रैल से नवम्बर तक की तारीख़ें
लड़कों ने सोलह वर्ष पूर्व गुज़री दादी को याद किया
बहुओं ने अपनी सास से दादी जी के बारे में बहुत कुछ सुना
माँ उस दिन पूरे परिवार में चर्चित हो उठी

चिट्ठियाँ मैंने अपनी किताबों की आलमारी में रख दीं
एकदम सामने कि खोलते ही नज़र पड़ जाये
रोज़ ही उन चिट्ठियों को देखता हूँ
हर-दो-तीन दिनों पर उन्हें पढ़ता हूँ
मेरी ही लिखीं चिट्ठियाँ मुझे हर बार नई लगती हैं
उन्हें इतनी बार पढ़ गया हूँ
कि उनमें लिखा हर शब्द, वाक्य कंठस्थ हो चुका है
फिर भी पढ़ना जारी है
कम से कम सप्ताह में एक बार तो पढ़ ही लेता हूँ
उन्हें देखते, पढ़ते हुए लगता है
माँ से बातें कर रहा हूँ

उससे मिल रहा हूँ, उसे छू रहा हूँ
तब पिता भी याद आते हैं
जब चिट्ठियाँ सामने होती हैं
लगता है कोई उम्र में मुझसे बड़ा सामने है

मैं घर में सबसे उम्रदराज़
कोई भी उम्र में मुझसे बड़ा अब जीवित नहीं
लेकिन माँ को लिखीं चिट्ठियाँ जब सामने होती हैं
मैं सैंतीस साल पहले का छोटा बच्चा बन जाता हूँ
मुझे छोटा बच्चा बनाने वाला
अल्लाद्दीन का चिराग़ मिल गया है
सोचता हूँ—चिट्ठियाँ जब नहीं होती होंगी
कोई कैसे याद करता होगा अपने प्रियजन को
तब याद आता है—
मेरे दादाजी एक पेड़ को छूकर बताया करते थे—
इसे मेरी माँ ने लगाया था
वे रोज़ उस पेड़ की छाँव में बैठा करते थे
उसे छूते, निहारते जैसे अपनी माँ को याद करते हों
मुझे माँ को लिखीं चिट्ठियाँ पेड़ की तरह लगीं

आज कई दिनों के बाद सोचता हूँ
इस मोबाइल के युग में
हमारे बच्चे कैसे याद करेंगे हमें
तभी मेरा बड़ा पोता मोबाइल ऑन कर
मेरी और अपनी दादी की तस्वीरें दिखाता है
जिनमें हम दोनों बातें कर रहे हैं
कहता है—दादाजी! बातचीत करते हुए आप लोगों की
बहुत सी तस्वीरें मैंने लोड कर रखी हैं
ये सैकड़ों वर्षों तक रखी जा सकेंगी

मैं आश्वस्त हो उठता हूँ
हर समय में अपने प्रियजनों को याद करने के लिए
कोई न कोई अल्लाद्दीन का चिराग़ रहता है
माननीय संवेदनायें पेड़ों की छाँव

चिट्ठियों की गंध से टपकती हैं
तो मोबाइल, कम्प्यूटर से भी यादों की ख़ुशबू बिखरती है
अभी भी दादाजी की माँ का लगाया पेड़
मेरे गाँव के घर के आँगन में है
जिससे लिपट उनकी यादों की मिठास
अपनी आत्मा में भरना चाहता हूँ

फ़िलहाल गाँव जाने तक को मेरे लिए
माँ को लिखीं चिट्ठियाँ ही पेड़ के तने
डंठल, पत्तियाँ और उसकी छाँव हैं
जिनमें रोज़ देखता हूँ माँ, पिता, दादाजी को
और उनसे बातें भी करता हूँ

शह्र बना शख़्स

रौशनी से लबालब, घुप्प अन्धकार में साँसें भरता
एक शख़्स खसिया, घुघनी, सेब-दालमोट, बाड़ा-कचालू, पकौड़ी का
खोमचा उठाये माथे पर
सड़कें इन्तज़ार करें गलियों का सन्नाटा स्वागत
बच्चे फेंकें जिस पर अपनी मुस्कराहटें
बड़े-बुज़ुर्ग जिसकी हँसी-ठिठोली का उठायें लुत्फ़
युवा वर्ग लोकरंजक भाषा में सुने जिससे
जीवन प्रसंगों में घुला जीवनानुभव
बहुएं दरवाज़ों की ओट से जिसकी बुलन्द आवाज़ में
दिलचस्प बातों का स्वाद लें
ज़िन्दगी को दौड़ाकर थका देनेवाले जिसके पाँव
सुब्ह से शाम तक कहीं रुके नहीं सुस्ताने को
अपनी मज़बूत ख़ुरदरी हथेलियों पर जो
शहर को रख उसका मिज़ाज नाप ले
जाँच ले हरारत, टटोल ले दुख-दर्द
समझ ले उसकी पीड़ा और उसकी वज्ह
उस शख़्स को उसके नाम से जानना
इतिहास की तौहीन होगी, पसीने की अवमानना
ईमान की बेईमानी और संवेदना का अपमान
इसलिए 'डुमराँव' के लोग
उसे 'डुमराँव' ही कहें तो अच्छा

देखा है इस शह्र ने आँखें फाड़-फाड़
उसे बेतहाशा दौड़ते और बहुतों को दौड़ाते हुए
जब कभी शह्र बीमार हुआ
अपने लहू से दवा की ख़ुराक तैयार की

जब फ़िज़ा में फैली ज़हरीली हवा
उसे अपनी साँसों में भर निकालता रहा आक्सीज़न
शह्र को शर्मसार करनेवाली किसी भी कारगुज़ारी की
मुख़ालिफ़त इतनी ताक़त से की
कि कलेजे से ख़ून तक आ गया
ख़ुद को चोटिल बना ठेलता, परास्त करता रहा—हर विध्वंस को
प्राकृतिक आपदा के वक़्त कृष्ण बन
उठाता-उठवाता रहा गोवर्धन पर्वत
कोई नाज़ुक वक़्त हो या कोई निर्णायक घड़ी
या हो कोई उन्मादमय समय
उसने अपनी नींद हराम कर दी
और वक़्त को हलवाहे की तरह जोत दिया
साज़िशों के जाल लेकर उड़ जाना वह जानता था
उसके साथ कबूतरों का हुजूम जो था
हारता नहीं था किसी से
क्योंकि उसे जीतने का न एहसास था न ग़रूर
बस एक जुनून था मौत के बरक्स खड़ा हो चुनौती देने का
अजीब था यह शख़्स भी जिसे बीमारी की कौन कहे
बुखार तक नहीं लगा कभी
अस्सी साल की वय में भी वही तेवर
वैसा ही भला-चंगा, स्वस्थ, सानन्द, हँसता-बोलता
दौड़ता, हाँफता, सबका चहेता बना

आज उसके गुज़रने के सत्रह साल बाद भी
गूँजती है उसकी आह्वानी आवाज़ गलियों में
सड़कों पर निशानदेही की जाती है
यहीं लगाते थे बटेसर बाबा अपना खोमचा
महसूस करता है यह छोटा-सा शह्र आज भी
उसकी ज़िन्दादिली, जीवटता, उसके पसीने की तरलता
उसकी मुफ़्लिसी की ख़ुशियाँ
सोचता है शह्र कभी-कभी हत्प्रभ हो
कैसा होगा सहज, सरल ज़िन्दगी सार्थक बनाने वाला वह शख़्स
जो मरने के बाद शह्र बन गया है

बाल मज़दूर का बयान

नहीं, नहीं...भूख से जूझतीं
सड़ी हुई मेरी हथेलियों की वज्ह
कप-प्लेट, केतली, डेकची और ढेरों बर्तन माँजना
या कमरे के फ़र्श पर तीनों टेम पोंछा लगाना नहीं है
एयर कूल्ड शेड में जर्सी गायों के सानी-पानी के लिए
चौबीसों घंटे मुस्तैद रहना भी नहीं है
दर्द से आँख मिचौली खेलतीं
मेरी लहूलुहान हथेलियों की वज्ह
चिमनी के भट्‌ठे पर ईंटें ढोना
मोटर-गैरेज में बाहैसियत हेल्पर
नट-बोल्ट खोलना-कसना या इंजन खोलना हरगिज़ नहीं है

रास्तों से सर फोड़ते मेरे पाँवों की
बेतरह फटी बिवाइयों की वज्ह
नंगे पैर मूँगफली का खोमचा उठाये
दस कोस की फेरी लगाना
या चाय, कॉफ़ी, केतली चुक्का, खीरा-ककड़ी का भारी बोझ लिये
घर से प्लेटफ़ार्म, प्लेटफ़ार्म से ट्रेन के डिब्बे-डिब्बे
ख़ाक छानते रहना नहीं है
जूता-चप्पल की पॉलिश-ब्रशों के झोले
कन्धे पर लटकाये चौराहा-चौराहा, स्टेशन-स्टेशन
घिसटते रहना भी नहीं है
रद्दी काग़ज़, प्लास्टिक, शीशी, बोतल
टीन के टुकड़े बीनने के लिए
शह्र के कूड़ेख़ानों, गन्दी नालियों में कमर कस
उतर पड़ना तो एकदम नहीं है

सपनों, कल्पनाओं को दरकिनार करतीं
मेरी पथराई आँखों की वजह
मालिक के लिए कुत्ते की तरह लगातार जागते हुए
चौकसी बरतना या देर रात और मुँह-अँधेरे के बीच
एकदम नाकाफ़ी खर्राटे भरते हुए
रातें ठेलना बिल्कुल नहीं है कोई वजूह
जेठ के ग़ुस्सैल सूरज की आग
वेल्डिंग होते लोहे की चमक
और आँखों में धँस जानेवाली बल्ब की
तेज़ रौशनी के साथ लोहा लेना भी इसकी वजूह नहीं

यह सब कहाँ होती हैं कोई वजूह
ज़िन्दगी को तोड़ने की
किसी को कमज़ोर करने की
जानना ही चाहते हो तो सुनो
इन सबकी वजूह सिर्फ़ यह है
कि तुम क्रूर हो
तुम्हारी दुनिया बर्बर है
तुम्हारे क़ानून थोथे हैं

अभी भी जारी है तुम्हारा अभिनय

हमने देखा 'जागते रहो' में एक असीम प्यासे को
पानी पिलाकर तृप्त करते हुए तुम्हें
बेलौस किन्तु प्रेम की उल्लसित भंगिमाओं के साथ
और हमें प्यास लगा गई
जो घड़े के पानी से नहीं बुझती
तुम्हारी 'बरसात' नहीं होती अगर
कहाँ हो पाती तन, मन के साथ रूह तर कभी
शायद इसीलिए बरसती रही हो
आर.के. स्टूडियो का प्रतीक बनी आजतक

अपनी आँखों में दर्शकों को पनाह देनेवाली
किसी 'आवारा', 'चार सौ बीस' को अपनी निगाहों के स्पर्श से
अमर बना देनेवाली ओ क़ुदरत की अद्वितीय कलाकृति!
तुम्हारे हुज़ूर में आज भी दर्शक बिछे हुए हैं वैसे ही
जब भी होती है अभिनय के कला-कौशल की
बारीकियों पर परिचर्चा
तुम्हीं से शुरू होती है, तुम्हीं पर ख़त्म
तुम्हें शायद न पता हो आजतक तुम 'मदर इंडिया' बनी हुई हो
सिर्फ़ रुपहले पर्दे पर नहीं
अपने देश के घर-परिवार की संस्कृति में
और बाक़ी संसार की जाँचती-परखती नज़रों में भी

सिने-आकाश के इन्द्रधनुषी पटल पर
नक्षत्रों की चमकती भाषा में लिखी जाने वाली
ख़ूबसूरत इबारतों का उनवान अभी भी तुम्हीं से बनता है

क्या तुम्हें मालूम है, तुम पर्दे से कभी ग़ायब नहीं हुई
कितनी ही अभिनेत्रियों में समाई हुई उनकी आत्मा में
अपने अभिनय की पीड़ा की ख़ुशबू उड़ेलती रही
और उत्ताप भी अपने संघर्षों के
जो ज़िन्दगी के ही साथ नहीं, मौत के भी साथ किये थे तुमने

अरी ओ पर्दे के सच को अपने जीवन में घोलनेवाली
जादुई यथार्थ की क़द्दावर अप्सरा!
तुम जानो या न जानो, देखो या न देखो
सुनो या न सुनो
हर आँख लेकिन चीख़-चीख़ कर कहती है
नर्गिस से परे नहीं देखी कोई नायिका

समय आगे बढ़ गया है
बम्बई अब मुम्बई बन गई है
जिसका दंश तुम्हारे वारिस झेल रहे हैं
दर्द के आँसू अरब सागर हुए जाते हैं
पर तुम अभी भी अपनी भंगिमाओं के साथ सक्रिय हो
रेहाना सुल्तान, शबाना आज़मी, स्मिता पाटिल से विद्या बालन तक
सभी तो तुम्हें ही छूती रहीं, तुम्हें ही महसूसती रहीं
तुम्हें ही जीती रहीं
अवसाद, कुंठा रहित ज़िन्दगी तुम्हारी महकती रही है मह-मह
न जाने कितनी नायिकाओं में

न मानो तो पूछ लो हंगल दा, युसुफ़ दा, लता दी से
या अदालत के अपने विलेन किरदार प्राण दा से
या फिर इंडस्ट्रीज़ के उन बुज़ुर्गवार फ़िल्मकारों से ही
जो शूटिंग के दौरान तुम्हारे शॉट देते समय
अक्सर विचलित हो जाया करते थे
या कैमरामैन से भी जिनके हाथ
कलेजे के साथ हिल जाया करते थे

आज बदली हुई तकनीक में भी
वही आँसू, वही बेक़रारी, वही तड़प, वही चाहत, वही ठंडक

वही ख़ुशबू तारी है
इसीलिए तो कोई मलाल नहीं
कि तुम्हारी सँवारी गई दुनिया में
अभी भी जारी है तुम्हारा अभिनय

क्षमा करो मेरे वत्स

क्षमा करो मेरे वत्स
तुम्हें बचपन का स्वाद नहीं चखा सका
नहीं दिला सका
हवा, पानी, कुछ दाने और एक आकाश
कि चहचहा सको फड़फड़ाकर पंख
नाप सको मनचाही ऊँचाइयाँ
समुद्र की तरह ठाठें मार सको
हालाँकि लोग हँसी की लय के साथ
बेपरवाह लगातार गुनगुनाते जा रहे हैं—
'बचपन हर ग़म से बेगाना होता है...'
यह बात दीगर है
मैं इसे गाकर या सुनकर नहीं उड़ा सकता तुम्हारा मज़ाक़
लेकिन गानेवालों को इसके लिए कोई शाप भी नहीं दे सकता
पता है मुझे
नहीं जानते ये लोग कि क्या गा रहे हैं
कर सको तो इन्हें भी क्षमा कर देना
तटस्थ होते हुए भी अपराधी नहीं हैं ये लोग
ख़ुशियों से महरूम, ग़मों से बेपरवाह
काम के पहाड़ से टकरा-टकरा
भोथरी कर चुके अपनी ज़िन्दगी को ही
नहीं पहचानेवाले इन लोगों पर तरस ही खाओ तो अच्छा

मगर मैं तो सबकुछ जानते हुए
नहीं दिला सका तुम्हारी उम्र को न्याय
तो क्या मुझे नहीं क्षमा करोगे!

यक़ीन करो मेरे वत्स
जब से जानीं तुम्हारे ख़िलाफ़ साज़िशें
हर पल भारी रहा मुझ पर
बुख़ार चढ़ा रहा माथे पर
ख़्वाब की कौन कहे
नींद भी दूर-दूर रही मुझसे
और अब जबकि बहुत कम समय बचा है मेरे पास
संसार से विदा होने में
मेरी आँखों में उतर मेरी असफलता पहचानो
निर्बलता, सामर्थ्य की दुर्बलता समझो
और क्षमा कर दो
क्षमा कर दो कि जीनेवालों के लिए
आख़िरी पल भी उम्मीदों से ख़ाली नहीं रहता
अभी भी बचा है कुछ समय
अभी भी शामिल हूँ बचपन के स्वाद को
बचाये जाने के संघर्ष में
और अब पिता के ही नहीं
माँ के व्याकुल मन के साथ भी

उनके ब्रह्म विचार

वे हर चीज़ हर घटना का विश्व दृष्टि से
आकलन करते हैं
संकीर्णता, अज्ञानता, स्वार्थ जैसे शब्दों से
घृणा है उन्हें घृणा की हद तक

वोटरलिस्ट में कलीमुद्दीन धुनिया के नाम का होना
बताते हैं वे एक अन्तर्राष्ट्रीय घटना
अपनी पूरी ज्ञान गंगा के साथ
खोलते हैं राज़ भारी-भरकम शब्दों में
लाल कार्डधारियों को राशन नहीं मिलने का
पड़ोसी देशों से भारी तादाद में हुई घुसपैठ कह
अपने होंठों के एक कोने से मुस्कराते हुए
देते हैं मुद्रा-स्फीति पर अपनी बेबाक टिप्पणी—
घोर आर्थिक मन्दी से गुज़र रहा है अभी विश्व
आतंकियों के कारण
आवश्यक है जिसके सन्तुलन के लिए हटा लेना
सरकारी अनुदान
एल.पी.जी., पैट्रोल-डीज़ल, खाद पर से
गीता के गूढ़ रहस्यों की तरह
करते हैं आध्यात्मिक मुद्रा में विवेचना
बिहार के गाँवों से मज़दूरों के पलायन की
कहते हुए उन्हें लुक्कड़ कोसते हैं—
सबकुछ रहते हुए भी जाते हैं परदेस
कमीनों ने मिट्टी में मिला दी प्रतिष्ठा बुद्ध, महावीर की
जोड़ते हैं तारतम्य मुँहनोचवा का
अन्तर्राष्ट्रीय आतंकवाद, उग्रवाद से

और चूँकि जानते हैं
आदमी के भीतर सबसे बड़ा डर आदमी होने का है
खींचते हुए जादुई शब्द-चित्र
बना डालते हैं सयानों, बुज़ुर्गों तक को
मिनटों में बिल्ली का बच्चा

सूचनाक्रान्ति के ख़ुर्दबीन से देखते हैं
अपनी हथेली पर सिकुड़ा, सिमटा, विश्व
किसी गाँव की मानिन्द छोटा, मासूम
अन्दाज़ते हैं उसका ताप छूकर उसे
विश्वबन्धुत्व की स्थापना हेतु
चाहते हैं हर छोटे देश तक पहुँचाना
बड़े देशों के उत्पाद बेरोक-टोक
विश्व एकता हेतु मिटाना चाहते हैं
देशों, राष्ट्रों की सीमायें नहीं
वैचारिक अन्तर्विरोध और असहमतियाँ
ताकि विचारों, इच्छाओं के धरातल पर
एक होकर कह सके सारा विश्व
हर विचार, हर सिद्धान्त, हर दर्शन को
अप्रासंगिक, निरर्थक, मृत
सिवा उनके ब्रह्मविचार, ब्रह्मज्ञान के

धन्य हे बाबा वैद्यनाथ

धन्य हे बाबा वैद्यनाथ!
गद्गद हो कहा खोये के थोक व्यापारियों ने
और अपना-अपना माथा झुकाते हुए
पेड़े-चूड़ा के हज़ारों दुकानदार
हाथ जोड़ घुटने टेक दिये बाबा को

महादानी बाबा वैद्यनाथ, धन्य है आपकी महिमा, धन्य आप!
ध्यानमग्न हो कहा केसरिया वस्त्र के विक्रेताओं ने
हज़ारों गमछा-झोला के दुकानदार हो उठे निहाल
फिर परम भक्तों की तरह हवा में ही हाथ जोड़
आँखें मूँद माथा नवा दिये
होटल वाले काउंटर से ही चिल्लाये—बोल-बम!
और काँवरियों का एक झुंड धड़धड़ाते हुए भीतर घुस गया
क्षुधा-तृप्ति के बाद थकान से सूखते कंठ को मिला
भक्ति-रस का आत्मिक स्वाद
फिर नहीं की किसी ने पैसे चुकाने में रकझक

पुलिस ने डंडे भाँजते हुए ग्राहकों से मोलभाव करते
फुटपाथी दुकानदारों से कहा—
काँवरियों को आने-जाने में कितनी होती है परेशानी
बाबा की नगरी में करते हो इनक्रोच
वह भी इस श्रावणी मेले के समय
फिर वसूल की उनसे मोटी रक़म
भिगो दिये जिसने डंडे और वर्दी भी भक्ति-रस में
मन और शरीर के साथ-साथ
पदाधिकारियों, कर्मचारियों ने रागात्मक स्वर मिलाया

—हे भोलेनाथ! हम भक्तों को शरण में ही रखना अपनी
कभी स्थानान्तरण मत होने देना हमारा
मत करना अपने से अलग हमें
काँवरियों के लिए महीना दो महीना
पूरी व्यवस्था हम ही तो करते हैं
बिजली-पानी, सफ़ाई, विधि-व्यवस्था के ख़र्च में
होने मत देना कटौती कभी
हो सके तो कुछ वृद्धि ही करवाने की कृपा करना

भजन गायकों, मस्त श्रोताओं की टोलियाँ
नाचती-गाती, उछलती-कूदती अलाप उठीं—
देवधर के बाबा वैद्यनाथ की जय हो!
और उगाहे गये चन्दे में से दे दी एक मुश्त रक़म
महादानी की मुद्रा में उस गायक को
पहुँचाया था जिसने भजन गाकर उन्हें यौन-सुख
कहा फिर सबने—चलता रहे सत्संग चिरकाल तक
यूँ ही हे बाबा वैद्यनाथ!
और बाक़ी बचे पैसे का छक कर पीया भाँग, गाँजा, चरस
कुछ ने बाहर जाकर मदिरा-पान का स्वाद लिया
लुटेरे, चोर, गिरहकट, उच्चके स्मरण करते हुए बाबा का
आँखें मूँद बोल उठे—हे बाबा वैद्यनाथ!
जुटाना इतनी ही भीड़ अगले साल भी
काँवरियों सहित सभी भक्तों को ऐसे ही मदहोश बनाये रखना
हम पर ऐसे ही कृपा रखना भोलेनाथ!

भक्तों से दक्षिणा लेते हुए कहा पंडों ने
कृपा रखना मेरे भक्तों पर हे भोलेनाथ!
ये आप ही की तरह मन के भोले हैं
नहीं बन सके हैं आप जैसे दानी तो क्या
वरदान दो इन्हें हे महादानी!
मुक्त हो जायें ये पूरी तरह सांसारिक प्रलोभनों, मायाजल से
फिर शंख फूँका ज़ोर से
और सबने कहा—
धन्य हे बाबा वैद्यनाथ!

सोचते हैं गुदड़ी मियाँ

बाँस की पतली खमाचियों और रंगीन काग़ज़ों से
हर साल की तरह इस साल भी
रावण का बीस हाथ ऊँचा पुतला बना रहे हैं
लुंगी और गंजी पहने सत्तर साल के गुदड़ी मियाँ

उनकी मोटी, खुरदरी, काछ लगी उँगलियों में छिपी
महीन कारीगरी का लोहा मानते हैं
बक्सर, इटाढ़ी, चौसा, राजपुर के लाखों नर-नारी
जानते हैं यह गुदड़ी मियाँ
इसीलिए कुवार की धूप में अपनी चमड़ी पकाते हुए
काग़ज़, छुरी, क़ैंची, काँटी, हथौड़ी, धागा, लेई से
खेलते रहते हैं इस पूरे मौसम भर
खोलते हुए रावण के व्यक्तित्व का रेशा-रेशा

दशहरा के महीने भर पहले से ही
डूब जाते हैं अपने हुनर के उन्माद में
खो जाते हैं अपने किये कामों की
कलात्मक चमक आँखों में सँजोते
न खाने की सुध न सोने की फ़िक्र
बस रावण में जान डालने का मंत्र ढूँढ़ते
हर पल उसी में तल्लीन

चहक उठता है उनका मन दशहरे की शाम
एक जोड़ी लुंगी, गंजी, गमछा, हज़ार ऊपर एक रुपया मज़दूरी के पा
और इनाम में हज़ारों रुपये की बरसात में भींग कर नहीं,
विस्फोटों के बीच टुकड़े-टुकड़े में फटते

विशालकाय रावण को देख पीटी गईं
तालियों की गड़गड़ाहटों को सुनकर
गुदड़ी मियाँ के कानों में सालों भर गूँजती रहती हैं
तालियों की गड़गड़ाहटें
उन्हें दूसरा कुछ सुनाई नहीं देता
दिखाई नहीं देता कुछ और
अपनी धुन में खोये हुए गुमसुम
वह बना रहे हैं फिर बाँस की पतली खमाचियों
और रंगीन काग़ज़ों से
रावण का बीस हाथ ऊँचा पुतला
सोचते हुए—
जब तक गूँजती रहेगी उनके कानों में
कला-प्रेमियों की तालियों की गूँज
यह जगह कभी गुजरात नहीं बन सकती

झंडे फहर रहे हैं

झंडे फहर रहे हैं
राष्ट्र के, संस्कृति के, धर्म के, ज़ाति के
अपने-अपने लोगों के बीच अपने-अपने प्रक्षेत्र में
पृथ्वी का झंडा फहर रहा है चाँद पर

सचेष्ट हैं झंडे हर भूगोल पर अपना इतिहास फहराने को
आतुर हैं उसकी मिट्टी में धँस
अपनी बुलन्दी का लोहा मनवाने को
अपनी शान चमकाने को
मिट्टी के वजूद को ढँक-तोप कर फहर जाने को
उसकी पूरी प्रकृति के विरुद्ध तनकर
दे देने को अपना आकार
उसकी अपनी मौलिक संरचना को ख़ारिज कर
दुनिया से छिपाते हुए

संघर्षरत हैं झंडे संस्कृतियों पर क़ाबिज़
उनके रुई जैसे सफ़ेद चित्रों पर रंगसाज़ी करने को
चाँद के दाग़ की तरह
उनमें दिखते दाग़ों को खुरच कर छुड़ा देने को
खड़ा कर देने को अपनी बुलन्द इमारत
उन पर जमी मख़मली हरी घासों को जड़ों से उखाड़

व्यग्र हैं झंडे ईश्वरीयता की दमक से
पृथ्वी का कथित अन्धकार मिटाने को
अपने-अपने ईश्वर को डंडा थमाये
गड़ जाने को सूरज में

ताकि उसे बता सकें
झंडों पर फहर रहे
प्रकाशमान सूरज की बदौलत ही
वह जो हाइड्रोजन, हिलियम गैसों का पिंडनुमा सूरज है
जगमगाता रहा है अब तक
सभी झंडे उद्दत हैं टँग जाने को
इबादतगाहों के ऊँचे कंगूरों से भी ऊपर
बहुत ऊपर आकाश में कहीं
जहाँ उनकी नींव हिलने का कोई भय न हो
न हो झंडों की दिव्यसत्ता को
चुनौती झेलने का कोई ख़तरा
फहरते जा रहे हैं झंडे निरन्तर
मनुष्यता, विश्वास, न्याय की हड्डियाँ चटखाते हुए
बजाते हुए डमरू लोकतंत्र का

आकाश चुप नहीं बैठेगा

जब छीनी जा रही हो
पेड़ों से हरा होने की स्वतंत्रता
बचपन से बेफ़िक्री, जवानी से दिलेरी
ग़ायब किये जा रहे हों विज्ञान से आविष्कार
कला से सौन्दर्य, बुद्धि से विचार
ख़ारिज की जा रही हों
संगीत से लय, कविता से संवेदना
हटाई जा रही हों
फूलों से ख़ुशबू, शहद से मिठास
ख़त्म की जा रही हों संघर्ष से उम्मीदें
क्रान्ति से मुक्ति, जीवन से जिजीविषा
पृथ्वी से उदास होने का हक़ छीना जा रहा हो
जब रिश्तों के सारे रास्तों पर पलीते लगा दिये गये हों
तब आकाश चुप नहीं बैठेगा
उतरेगा वह पृथ्वी पर अपने कन्धों पर
बारूद और फूलों का तरकश लटकाये
हिसाब करेगा मासूमियत को भजाये जाने का
संवेदनाओं को ख़ारिज किये जाने का
ईमान को नज़रबन्द किये जाने का
चेतना को चतुराई में बदले जाने का
हर सवाल का जवाब बन आकाश उतरेगा
निचाट अँधेरे से आ रही सिसकियों के बीच
संगठित करेगा वह हथेलियों पर ज़िन्दगी उठाये
कुहनियों से पेट खुजलाते बच्चों
माटी-कीचड़ में लथपथ धरती-पुत्रों
कोयले के खदानों से निकलते

काले-कलूटे अल्पजीवियों को
दुनिया की बदहवासी को रौंदने के लिए
जिनके पाँव कूच करेंगे
धरती के एक छोर से दूसरे छोर तक

मैं भगतसिंह बोल रहा हूँ

ईश्वर नहीं हूँ न अतीत ही हुआ हूँ अभी
मुझे मूर्ति में तब्दील कर
मेरा पूजनोत्सव करनेवाले जड़वादियो! मत भूलो
इतिहास हूँ इस देश का और वर्तमान भी
सच कहूँ तो भविष्य भी
ज़िन्दा हूँ अभी भी उसी सूली पर लटका हुआ
उतरा था जिस पर से कभी मेरा नश्वर शरीर
आग में तपे हुए मेरे शब्द
मेरी मुट्ठियों में ही रह गये थे वहीं के वहीं
हवा नहीं हैं वे शब्द न बादल कि उड़ जायें कहीं
ठोस ज़मीन पर खड़े हिमालयी पहाड़ हैं
पिघलेंगे पर ख़त्म नहीं होंगे कभी

मुझ पर फूलों की बारिश मत करो
मत डालो मेरी प्रतिमा के गले में फूल-मालायें
मेरे नज़दीक आओ साथियो, बहुत नज़दीक
ताकि पूछ सको—मैं नास्तिक क्यों हूँ
सुन सको—मैं इस अँधेरे के ख़िलाफ़ क्या कर सकता हूँ
मैं तुम्हारी ही तरह युवा स्वप्नदर्शी हूँ साथियो!
मुझमें तुम्हारी ही तरह प्रेम-तरंगें उठती हैं
मुझे प्रणाम मत करो मुझे गलबहियाँ दो
खेलो, हँसी-ठट्ठा करो मेरे साथ
ले चलो मुझे अपने घर
फिर इत्मीनान से सोचो मेरे विचारों पर
जो दरअस्ल हमसब के हैं
हमारी आनेवाली पीढ़ियों के भी

अगर उन पर विमर्श करना चाहो तो तैयार हूँ
तुम्हारे साथ मिलकर भूल-चूक सुधारने को
कुछ और उनमें नया जोड़ने को
सुब्ह की धूप में उछालो उन्हें
परखो भरी दोपहरी में—
क्यों मैं क्रान्तिकारी हूँ, हिंसक नहीं
क्या मेरे शब्द अभी तक ज़िन्दा हैं
अगर हाँ, तो कहाँ हैं
किताबों में या सड़कों पर
रेल के डिब्बों में या खेतों में
दफ़्तरों में या बच्चों के मिड्डे मिल में
किसानों की हत्या में या बच्चों की अस्पताल में होती हत्या में
ढूँढ़ो उन्हें और पूछो ख़ुद से
क्यों आज़ाद होने के बावजूद नागरिक माल में बदल गये
क्यों हमारे वाजिब संघर्षों को ज़ंग लग गया
क्यों हम अपने आपको मौत के हवाले करते जा रहे हैं
ऐसे कई सवालों और रहस्यों की कुंजी हैं मेरे शब्द
मेरे जीवन के नहीं, विचारों के दर्शन करो
मेरी शहादत की आरती मत उतारो
मेरे संघर्षों को परत-दर-परत खोलो और जानो
मैं कितना बेचैन हूँ अपनी जगह से निकल
तुम्हारी आवाज़ में घुलने के लिए

आओ साथियो! उतारो मुझे सूली से
बाहर करो मुझे प्रतिमाओं से
मेरे विचारों की आग को मशाल में बदल दो

उग आते हैं सपने

(लक्ष्मणपुर बाथे नरसंहार)

उस रात सारे गाँव पर हुआ हमला
गाँव पर हुआ हमला-भर नहीं था
मर्दों, औरतों, बच्चों का हुआ क़त्ल
कुछ जीवित प्राणियों भर का क़त्ल नहीं था
वह हमला दरअस्ल आँखों पर हुआ हमला था
जिन आँखों में सँजोया गया था
एक जायज़, चिरस्थायी, आदिम सपना
और वह क़त्ल उस सपने को समूल गाड़ने का यत्न था

दरिन्दे अच्छी तरह जानते हैं—उनकी मौत का परवाना
रायफ़ल, बन्दूक़, बम के पास नहीं होता
नहीं होता टुकड़ों में बँटे ताक़तवर चक्षुहीन हाथों के पास
या हवा के तेवर जाने बिना आग जलानेवालों के पास
उन्हें मालूम है उनकी मौत का परवाना
सिर्फ़ सपनों की मुट्ठी में होता है
सपनों का क़त्ल हो जाना दरिन्दों का पौ-बारह हो जाना है
जब वे किसी गाँव पर क़हर बरपा करते हैं
उन्हें उम्मीद होती है—
उनकी बर्बरता की ख़बर पढ़नेवाली आँखें
दफ़्न कर देंगी अपने भीतर के लहलहाते स्वप्न
बन्द कर देंगे दहशत से अपने कान सब
सुनते-सुनते दुर्दान्त दास्तान
स्त्रियों-बच्चों की यातनामय मौत की
फिर अपने नन्हे-मुन्नों को कलेजे से सटा
सपने नहीं देखने का संकल्प ले लेंगे

जब कई–कई दिनों तक भूखे–प्यासे, चीख़ते–चिल्लाते
बेसहारा लोगों की प्रत्यक्षदर्शी–कथा सुनेंगे
दूसरे गाँवों के स्वप्नदर्शी
जब पुछार करने आये रिश्तेदार, प्रियजन, मित्र देखेंगे
बिलखती विधवाओं, माँओं की आँखों से टपकते लहू के क़तरे
जब बैठे गले से निकलनेवाला सामूहिक करुण विलाप सुनेंगे
तो हमेशा के लिए भूल जायेंगे हर बात सपने की
लेकिन बेख़बर हैं दरिन्दे इस तथ्य से
कि सपने उनकी आँखों में नहीं अटके पड़े हैं अब
रात को नींद में देखे गये सपने नहीं हैं ये
जो सुब्ह होने के साथ ही ख़त्म हो जाते हैं
ये तो हल की मूठ थामे मुट्ठियों के सपने हैं
रोपनी करती कमान सी झुकी कमर
और उँगलियों के सपने हैं
कीचड़ में लथपथ पैरों ने देखे हैं ये सपने
देखे हैं उनकी हथेलियों की जागती आँखों ने
जो अब खेत में उगे अनाज के दानों की तरह
उनके भीतर लहलहा रहे हैं
अनाज के पौधों की जड़ों की तरह
उनकी भी जड़ें ज़िन्दगी की मिट्टी में
गहरी, बहुत गहरी धँसी हुई हैं
समाई हुई हैं उनकी आत्मा के पोर–पोर में
जिन्हें दरिन्दे काट तो सकते हैं
जड़ों से उखाड़ नहीं सकते
जो हर हत्याकांड के बाद
तैयार हो जाते हैं उगने के लिए
जैसे फ़स्ल कटने के बाद धरती

ये सपने धरती के सपने हैं, धरती के लिए हैं
ढीठ, जिद्दी, संकल्पित, शहीदी
उग आते हैं जो
बड़े से बड़े नरसंहारों के बाद भी

सुब्ह होने से पहले

ठिकाने लगाने हैं अभी कितने ही काम
सुब्ह होने से पहले
तूफ़ान सी भागती रात में
अभी देर तक बने रहना है तूफ़ान
लालटेन की मद्धिम रौशनी में
छाँटने हैं ज़रूरी कपड़े
दिन में फींचकर सुखाये गये हैं जो
उन पर कलफ़ देने से पहले
कल धोये जाने वाले कपड़े
डालने हैं सर्फ़ के घोल वाली बाल्टी में
चूल्हे की राख झाड़कर सुलगानी है उसमें आग
ताकि रोटियाँ सेंकने से पहले गर्म की जा सकें
कपड़ों पर देने के लिए इस्तरी
रोटियाँ तोड़ने से पहले
उँगलियों को करनी है फटे कपड़ों पर रफ़ूगिरी
नींद लेने से पहले आँखों को
बारीक महीन धागों पर करने हैं व्यायाम

आँखों पर दे लेने दो पानी के छींटे
ताकि देर तक डटी रहें वे युद्ध के मैदान में
हर यत्न से भर लेने दो ऊर्जा अंग-प्रत्यंग में
बन जाने दो चींटियाँ
वर्ना नहीं पूरा हो पायेगा सुबह की चाय तक
बाबुओं को धुले हुए कपड़े देने का क़ौल

रात की रफ़्तार से तेज़ करनी होगी काम की रफ़्तार
रात ढलने से पहले

तमाम कर देने हैं तमाम काम
इन्हीं बेदम होते हाथों से
इसी पस्त होकर ढहते शरीर से
इसी हाँफ़ती हुई ज़िन्दगी से
लेने हैं बहुत सारे काम सुब्ह होने से पहले
तमाम होने के बाद तमाम काम
लेनी है इक नींद भी
देखने हैं कुछ सपने भी
ताकि शरीर का पसीना कभी कम न हो
बनी रहे आँखों में नमी
डटी रहे ज़िन्दगी यूँ ही
सुब्ह होने तक

यह अर्थों के पिघलने का समय है

जैसे छूट गई परदेशी को चिट्ठियाँ लिखने की आदत
दूर हुई रास्ते पर कराहते घायल को
अस्पताल पहुँचा दवा-दारू कराने की चिन्ता
भूल गये सब पियाऊ रख दरवाज़े पर
राहगीरों को गुड़-पानी से राहत देने की बातें
मर गई मूसलाधार बारिश में
आँगन में, छत पर नहाने की चाह
काफ़ूर हुए ढिबरी की मद्धिम लौ में रात गये
प्रेम-कहानी में डूबने-उतराने के किताबी-मज़े
शरबत से निकल नींबू चुपके से घुस गया चाय में
और लुप्त हुई कोहड़े की तरकारी भोज से
बहुत कुछ वैसे ही
शब्दों ने शब्दकोश की दुनिया छोड़
धीरे से बदल डालीं अपनी शक्लें
अब ढूँढ़ना मत पहले के तय किये गये अर्थ
अगर पढ़ या सुन लेना कभी
उनके नये या उलटे हुए अर्थ तो

जहाँ गुम हो गई हो आत्मा ही शरीर से
वहाँ किसी को क्या कोसना
आदमी का अर्थ बदकार बतलाये या बदज़ात
सिर मत पीटना अगर तुम्हारे लोकोक्तियों के कोश में
लिखा हुआ मिले कभी
मसीहा शब्द के आगे लम्पट, भटियारा, क़ज़्ज़ाक़
क्योंकि यह अर्थों के पिघलने का समय है
और शब्दों के नये आकार लेने का पड़ाव भी

ज़ह्र की मौजूदगी

धरती के कण-कण में छिपा होता है ज़ह्र
रचा-बसा होता है हमारे हर हाव-भाव में
फूलों की सुगन्ध से चाँद की मीठी चाँदनी तक में
घात लगाये ज़ह्र की मौजूदगी
महसूसी जा सकती है
ढूँढ़ा जा सकता है इसे
शक्ति, सामर्थ्य, श्रेष्ठता, विजय, ख़ुशी में
जहाँ भी हैं कुछ विशेषतायें
ज़ह्र के परमाणुओं की घुसपैठ
चिह्नित की जा सकती है वहाँ

कोई सूक्ष्मदर्शी यंत्र ही दिखा पाता है
किस तरह घुला होता है
हँसने-गाने, बोलने, उठने-बैठने, चलने
और सभी क्रियाओं में उसका बारीक स्वाद
प्रतिक्रियाओं में तो आसानी से
पहचाने जा सकते हैं इसके कीटाणु
अतीत के अभिलेखों, शिलालेखों, महलों, इमारतों की
नक़्क़ाशियों में ही नहीं
युद्धों, राज्य-विस्तार, शासन-प्रशासन
वर्तमान-भविष्य की कार्य नीतियों, योजनाओं तक में
छिपा होता है ज़ह्र का दंश

शहद बनाने वाली मधुमक्खी की तरह
कल्याणकारी कार्यों को सम्पादित करते दिमाग़ों में
छिपाये रहता है यह

अपने मादक एहसास का जानलेवा डंक
क्षेत्र, प्रान्त, राष्ट्र, ज़ाति, धर्म सबकी परिकल्पनाओं में
लहलहाती होती है ज़ह्र की पौध

नहीं होती है तो सिर्फ़
नवज़ात शिशु की मुस्कान की तरह
संवेदना के टीसते दर्द में
बेमतलब किसी बेपता आदमी को
कुंडली मार बैठी हुई भूख से जूझते वक़्त
डंडा थमाने की व्याकुल तलाश में
तीर की तरह चुभती किसी कातर चीख़ पर
रात की नींद से अचानक जागकर
बेचैन हो जाने में
दर्द से छटपटाती हुई दुनिया के ज़ख़्मों पर
चुपके से अपने लहू के मरहम लगा देने में
और अपनी शुह्रत, अपने वजूद से बेपरवाह ज़िन्दगी की
हर साँस से निकलती लय में

आवारगी

कभी-कभी बेचैनियों की हद से गुज़रता मन
पेड़ों की फुनगियों पर
उगते या डूबते सूरज की
चमकती, मद्धिम किरणों की शक्ल में
वन-पक्षियों सा थिरकता है
पत्तों में घुस फलों को चूमता, कुतरता
अलविदा करता है रौशनी को

अँधेरे में मटरगश्ती करते हुए
सनसनाती हवा सी टकरा जाने के लिए
उस युवती की साँसों से जिसकी गन्ध रौशनी में
सड़े आलू सी होती है
और जिसकी बदशक्ली अँधेरे में
मोनालिसा का गुमा दे जाती है

कभी-कभी उदासियों की क़ैद से छिटकता मन
बारिश के ठीक बाद
झींगुरों, तिलचट्टों, मेढकों का संगीत मुँह से निकालता
तितलियों के पीछे-पीछे
बच्चे सा ताली पीटते हुए उड़ता है
आकाश पर उगे सतरंगी इन्द्रधनुष पर जा चढ़ता है
जहाँ से दुनिया का मायावी जादू
उसकी जमशेद का सागर बनीं आँखें देख लेती हैं
तो वहीं से खड़ा-खड़ा उस पर पेशाब कर देता है
फिर ठठाकर हँसते हुए मुट्ठी में सरसों बन्द कर
(जो पता नहीं कहाँ से मिल जाता है)

जादू फोड़ने का मंत्र फूँकता है
फिर सरसों के दाने छींटते हुए
ग्लोब का नक़्शा ही पलट देता है
और ख़ुश होता हुआ एक ही छलाँग में
धरती के किसी शराबख़ाने में
हँसता हुआ दाख़िल हो
जीवन में शायद पहली बार छककर शराब पीने,
मांस खाने की इच्छा पूरी करता है
फिर बाहर निकल किसी पार्क में बैठ
ज़ार-ज़ार रोता है
मानो सारी नींद आँसुओं में ढल गई हो
आँसुओं के ख़त्म होते ही
हरी-हरी घासों पर लेट
तारों से बातें करता है...
मज़ा लेती है तब ज़िन्दगी
यूँ ही कभी-कभी

आदमी और अख़बार

अन्य कामों के अतिरिक्त
एक और काम होता है अख़बार का
आदमी को आदमी नहीं रहने देना
कब सूचनाओं के विस्फोट करते हैं
आदमी पर क़ातिलाना हमले
विज्ञापन इच्छाओं के दलदल में ढकेलते हैं
इच्छायें कैसे आवश्यकता बन
अपनी उँगलियों पर नचाती हैं
कहाँ बयान, उनके खंडन अपने पंजों में दबोच
बर्बरतापूर्वक पटकते हैं
और लहूलुहान हुए आदमी के शरीर पर
प्रवचनों, सूक्तियों का नमकीन लेप
बख़ूबी अपना काम करने लगता है
नहीं पता चल पाता

ऐसा नहीं कि अख़बार आदमी का दुख नहीं समझता
उसके चीत्कार, हाहाकार का शब्द चित्रों में
दिग्दर्शन कराना, दुखों की मीमांसा की घुट्टी पिलाना
उसके रोज़मर्रा के कामों में शामिल है
लोकतंत्री आदर्श सीमाओं में बँधे होने के कारण
अख़बार की कुछ नैतिक ज़िम्मेदारियाँ होती हैं
मसलन त्याग, बलिदान, देशभक्ति, मानवता
जिनकी कसौटियाँ लगातार उछालनी होती हैं आदमी पर
जलानी होती हैं आदमी में कसौटियों की आग
हालाँकि सबसे असरदार होती हैं
आदमी के रक्त-संचार पर अख़बार की निष्पक्षता, तटस्थता

कुछ ऐसीं कि शान्ति के पक्ष में लिखीं पंक्तियाँ
गोली दाग़ती सी लगें
दंगों, नरसंहारों की पड़ताल करती रपटों में
गुम हुआ आदमी देख ही न पाये
ख़ुद को खड़ा हुआ उस बाज़ार में
जहाँ कबीर के हाथों की लुकाठी नीलामी पर चढ़ी हो
और अख़बार में आये शब्द
लुकाठी की आग बुझाने पर तुले हों
जलते विचारों की ज़द में न आने देने के लिए
दूर रखनी होती है निष्पक्षता, तटस्थता की ज्वलनशील नीतियाँ

अख़बार आदमी को हाशिये पर नहीं रहने देता कभी
अपने कालमों में पनाह दिये रहता है
या यों कहिये उसे कभी छोड़ता नहीं
शब्दावलियों का छत्ता बन बराबर
मधुमक्खियों की तरह उसे सटाये
डंकहीन करने की घात में लगा रहता है
डंक जब से विचार से परिभाषित होने लगे हैं
तभी से अख़बार डंक निकालने के विरुद्ध नहीं रहता
निकलने देने देता है
आदमी के भीतर से विचारों की हवा
फ़िक्र और सोच की हड्डियाँ चटखने देने देता है
हर चन्द यह कोशिश करता हुआ
कि आदमी महज़ आदमी नहीं रहे
कोई रामायणी या महाभारती जांबाज़ योद्धा बन उतर पड़े
सूखे, भावहीन शब्दों की सत्ता की जंग में
ताकि अख़बार पर कोई आँच न आये
बना रहे आदमी की नज़र में
मासूम, निष्पक्ष, तटस्थ, प्रशंसनीय

जादुई ना'रे

हरी दूब सा विवेक दबा है
घृणा, क्रोध, प्रतिरोध, विद्रोह की शिलाओं के नीचे कहीं
लिख रहा है कोई नादिरशाह जिस पर बेरोक-टोक
बच्चों, स्त्रियों, बेशुमार निरीहों के रक्त से
ईसा की पहली सदी की लिपि में
इक्कीसवीं सदी की काली इबारतें

ठहर ही नहीं गया है वक़्त, पीछे चल पड़ा है
हुतात्माओं की राख का तिलक लगाये
रथों पर सवार विजय-जुलूस के क़ाफ़िले के साथ
ग़ायब करता मील के पत्थरों से अपने पाँव के निशान
ढीली करता इतिहास पर भूगोल की पकड़

अब सूरज की धूप से ऊष्मा अनुपस्थित करने की बारी है
फिर ज्ञान से सोच आसानी से ख़ारिज हो सकेगा
क्रियायें सिर्फ़ विज्ञान के पास बच रही हैं
राजनीति के पास तो सिर्फ़ प्रतिक्रियाओं का
उमड़ता भयानक संवेग है
जिसकी ज़द में है गाँव, शहर का चप्पा-चप्पा
जिन्हें इबारतें बना पढ़ाया जा रहा है
आँखों को इतनी बार कि पढ़ते-पढ़ते
पथरा जायें और देखने लग जायें
खिड़कियों की ओट से संहार-दर-संहार
मुट्ठियाँ भी न भींचने पाये कोई
सन्नाटों के साम्राज्य में
इस तरह सुन्न कर दी जा रही है संचेतना

उनकी तमाम प्रतिक्रियायें
क्रियाओं के लुभावने भेष में आ गई हैं
जैसे एक हाल में बिठाकर लोगों को
कोई ऐक्शन फ़िल्म दिखाई जा रही हो
नहीं होता है जहाँ दर्शकों के बस में
दृश्यों, परिघटनाओं, संवादों को बदलना
सीटियाँ, तालियाँ बजाने या दिल थाम लेने के सिवा
या तो आँखें मूँद लो
या फिर घुटन, आहें, दर्द सहते हुए
ख़ुद को ख़त्म करने की ओर आगे बढ़ो

जीवन के पास बच रही हैं सिर्फ़ कुछ साज़िशें
मृत्यु के समक्ष आत्मसमर्पण की
या अवसादग्रस्त हो जीने की
नरसंहारों के विजय-जुलूस पर बहस करना
और क्रोध से टेबुल पर अपना हाथ पटकना
कोई बौद्धिक ऐयाशी नहीं, कोई कौतुक भी नहीं
हृदयाघात से बचने का कारगर उपाय है
प्रतिक्रियाओं की भयानक इबारतों पर कविता, कहानी, आलेख लिखना
अपने आपको मरने से बचाने का सुगम प्रयास भर है
सोचते हैं ऐसा अपने विचारों में बेहद ईमानदार कुछ लोग
जबकि वे, जिन्हें कल के होनेवाले नरसंहारों में
मार दिया जाना है
उन बेहद ईमानदार लोगों के सोचने पर
सख़्त एतराज़ जताते हुए शामिल होने को आतुर हैं
विजय-जुलूस के क़ाफ़िले में
जहाँ गूँज रहे हैं नारे
अपने सपनों का ईश्वर गढ़ अतीत को भविष्य बनाने के

चल रहे हैं आगे-आगे प्रणेता, सूत्रधार
जिनके थमाये गये जादुई ना'रे उछालते जा रहे हैं
जोशो-ख़रोश के साथ वे तमाम लोग
जिन्हें एक-एक कर मार दिया जाना है
अभी भी चलते जा रहे हैं

अतीत और भविष्य के जादुई ना'रों से
वर्तमान को ख़ारिज करते हुए
पर बेहद ईमानदार कुछ लोग अपने दिल को थामे
अभी भी शोकमग्न हो सोच रहे हैं

जीवन्त-मृत्यु

प्यार करने को बहुत कुछ है इस पृथ्वी पर
बीवी, बच्चे, मकान, शान-शौकत के सिवा
झगड़ने को मगर नहीं है कोई अपनी आत्मा को छोड़
बहुत कुछ है पूजने को
ऋचाओं, मंत्रों, पत्थर की प्रतिमाओं के सिवा
घृणा करने को मगर कहाँ है कुछ
मुफ़्त के यश, धन के सिवा
लुटाने के लिए बहुत कुछ है हमारे पास सिवा अपने दुख के
मगर इकट्ठा करने को कहाँ है कुछ
दुनिया की आँखों से टपकते आँसुओं को छोड़
सृजन के सिवा सारी चीज़ें हैं हमारे पास खोने को
मगर कहाँ है कुछ पाने को सिवा जीवन्त-मृत्यु के

एक राजनेता के बयान पर

एक

केन्द्रित है बहस एक उत्तेजक बयान पर
पड़ोसी राजनेता धर्मनिरपेक्ष था या नहीं
एक मरे हुए आदमी के मरे विचारों पर
ज़िन्दा हो उठी है संसद
रँगने लगे हैं अख़बार पक्ष-विपक्ष के रंगों से
चायख़ानों, रेस्तराओं, दफ़्तरों, क्लबों, स्कूलों-कॉलेजों
यहाँ तक कि खेल के मैदानों में भी जारी है वही बहस
एक ज़िन्दा लफ़्फ़ाज़ ने ढूँढ़ निकाला है
अट्ठावन साल पहले लफ़्फ़ाज़ी में किये गये
धूर्ततापूर्ण प्रवचन के कुछ अंश
जैसे निकालता है चारा मिट्टी खोदकर
मछलियाँ फँसाने वाला
यह बहस मंत्र बन क्रियाशील हो गई है
केन्द्र में है जिसके
वह ज़िन्दा लफ़्फ़ाज़ और उसकी पारटी (पार्टी)

पहले बवंडर तो उठ जाने दो
किसी दिन शुभ घड़ी, शुभ मुहूर्त देख
बदल देगा वह अपना बयान
लेकिन तब भी बहस के केन्द्र में तो रहेगा वही न
या फिर होगी उसकी पारटी ही न?
कितना नायाब है तरीक़ा
कई ज़रूरी मुद्दों से हटाने का
आम आदमी का ध्यान!

दो

चाहता है एक राजनेता संसद को सेमिनार में बदलना
बदला है जैसे अपना राजनैतिक कैरेक्टर
राजनैतिक कैरियर में
उछाल दिया है एक अप्रासंगिक मुद्दा का गेंद
छक्का में तब्दील करने के उद्देश्य से
एक अच्छे समय में बुरी बहस के लिए बेहद उतावला है
दरअस्ल चाहता है करना इतिहास से इतिहास को बेदख़्ल
नहीं पहुँच सकता कोई अब लाख तिकड़मों के बावजूद
इतिहास की पगडंडियों या धर्म के गलियारे से
सत्ता के शीर्ष तक
इसलिए करना चाहता है राजनीति में इतिहास का घालमेल
भ्रमित कर रहा है पूरे देश को यह बताकर
कि कोई फ़र्क़ नहीं होता
धर्माचार्य, राजनेता या इतिहास पुरुष में
कर सकते हैं ये सभी कोई भी बात
किसी भी जग्ह, किसी भी समय और उठा सकते हैं
ज़िन्दा लोगों के बीच मरा हुआ कोई मुद्दा

तीन

अचर्चित होते जाने की हीन-भावना
नहीं रहने देती चैन से
बोलना पड़ता है इसीलिए कभी-कभी
अपनी इच्छा अपने सोच के विरुद्ध भी
जो कुछ करते रहे अब तक स्वयं
उन सबके विरुद्ध
लच्छेदार शब्दों में एक भद्र बयान
किसी अमोघ मंत्र से कम नहीं
जो चकित ही नहीं, अभिभूत भी कर डाले अवाम को
धो दे उसके अतीत के सारे दुष्कर्म

नहीं है कोई विस्मयकारी घटना यह
कि अचानक धर्मरथी बाँधने लगा है

धर्मनिरपेक्षता की प्रशंसा के पुल
न कोई हृदय-परिवर्तन की बात
या विधर्मियों की सहानुभूति लूटने की इच्छा
यक़ीनन है यह बयान
अपराध-बोध से उपजे कुंठा, संत्रास के
मिले-जुले परिणाम का विस्फोट
हाशिये की ओर सरकते जाने की पीड़ा का आर्तनाद
मगर शब्दों के दुष्चक्र में फँसा आम आदमी क्या जाने
बयानबाज़ और उसके ही पारटी-जनों के बीच ठने
छद्म महाभारत की आकाशीय पैंतरेबाज़ी?

चार

बहुत लोग उछल रहे हैं
एक धर्मयोद्धा के शालीन, शान्तिपूर्ण बयान पर
बहुत लोग मुट्ठियाँ तान रहे हैं
उसे पीठ दिखाना, आत्मघाती बयान क़रार दे
बहुत लोग आँखें फाड़-फाड़ देख रहे हैं
उसे हैरतअंगेज़ साहसिक बयान समझ
मगर चुप हैं कुछ लोग अपनी आँखों से
बहुत लोगों को डाँटते हुए

बहुत लोग शोर कर रहे हैं
बहुत लोग विरोध कर रहे हैं
बहुत लोग वाह-वाह कर रहे हैं
मगर चुप हैं कुछ लोग अपने तमतमाये चेहरे लिये

बहुत लोग बयान पर बयान दे रहे हैं
बहुत लोग बयान पर आलेख लिख रहे हैं
बहुत लोग बयान में डूब-उतरा रहे हैं
मगर चुप हैं कुछ लोग जानते हुए
कि बयान अक्सर इच्छा नहीं होता
नहीं होता अक्सर आकांक्षा भी
बयान जब तक दिल से नहीं निकलता

नहीं हो सकता तब तक बयान
दिमाग़ से निकलनेवाला बयान
एक ख़ूबसूरत फ़रेब से अधिक कुछ नहीं
बहुत लोग क्यों नहीं सोचते
कुछ लोग चुप क्यों हैं

पाँच

कोई काम नहीं है फ़िलहाल उसके पास
तो शुरू कर दिया है उसने
बयान का राजनीतिक कारोबार
तफ़रीह करते हुए ही लगवाई है बोली
एक नये गुल खिलाते बयान की
जो बनाता है उसके सैर-सपाटे को
कुछ और सेहतमन्द, मज़ेदार, मुनाफ़ेदार भी
उत्साहित हो जैसे जताता हो वह
नहीं जानते काम में जुटे हुए लोग
बयान देना कड़ी मिहनत करने से
ज़ियादा कड़ा काम होता है
कौन कहता है बयान के आवरण ने
छुपाई है उसकी निष्क्रियता
बना दी है सक्रिय लोगों के बीच फिर से
उसके लिए खड़े होने और चलने की जग्ह

वह शब्दवीर जो रहा है पूर्व में बयानबाज़ी का उस्ताद
अब लगवाना चाहता है बोली
सिर्फ़ बयान की नहीं, अन्दाज़ेबयां की भी

बेहद संवेदनशील, नासमझ, मासूम, कमेरा लोगों के बीच
करेगा फिर एक राजनीतिक कारोबार
जिसमें ख़रीदेगा कोई कुछ नहीं
बेचेगा हर कोई कौड़ियों के मोल
अपना आक्रोश, असन्तोष, विद्रोह और आन्दोलन

उनका दिव्य गर्वीला लोकतंत्र

उनका प्रचारतंत्र बेहद मज़बूत
मीडिया पर कड़ी पकड़ उनकी
नायाब, आकर्षक, रोचक तरीक़े उनके पास
अफ़वाहों को सच बनाने के लिए
सुन रक्खा है उन्होंने
कच्ची मिट्टी होता है आमजनों का मन-मस्तिष्क
फिर ऐसा क्यों न सोचें—
ले सकता है आकार उनके मन-मुताबिक़
प्रचारतंत्र के सहारे देश का मन
वे अपनी पसन्द सबकी पसन्द बनाने को आतुर हैं
उनकी इच्छा है—देश का हर व्यक्ति, हर तंत्र
उनके सोच के अनुसार सोचे, काम करे

विश्वास तो उन्हें भी लोकतंत्र में ही है
बस इतना है कि उनका लोकतंत्र निजी और ख़ास है
असहमतियों को सम्मान देना तो दूर
सहन करने को भी जो हरगिज़ तैयार नहीं
विचारों की स्वतंत्रता या स्वतंत्र-चिन्तन
तो राष्ट्रविरोधी हरकत है
इसे वे केवल वैचारिक-स्वतंत्रता में ही नहीं
अपने, अपनी पार्टी या अपने मंत्रियों के
भ्रष्टाचार के विरोध में भी ढूँढ़ लेते हैं
दरअस्ल वे हर व्यक्ति को माल समझते हैं
और अपने समानधर्मी को उपभोक्ता
इन मालरूपी जीवों का बौद्धिक होना
उनके भयभीत होने का प्रमुख कारण है

सो उन्होंने अपना ख़ास, निजी, दिव्य लोकतंत्र
घोषित कर रखा है
जिसमें विधर्मियों, अधर्मियों, नीचों की हत्यायें
या तो वध या आत्महत्यायें क़रार दी जाती हैं
सच पूछें तो उनकी स्वघोषित लोकतांत्रिक व्यवस्था
खाप पंचायतों का विस्तार है
जिसमें नागरिकों की न कोई जग्ह
न इतिहास का कोई वजूद
होते हैं सिर्फ़ मतदाता जिन्हें इतिहास की जग्ह
मिथकों, पौराणिक-गाथाओं, चमत्कारिक आख्यानों
आधुनिक मनगढ़न्त वृत्तान्तों की घुट्टी पिला
मदहोश बनाने की क़वायद होती है
इस संहारमय व्यवस्था में मतदाताओं की नाराज़गी का भय
उन्हें अपने गर्वीले लोकतंत्र में
कुछ ढीलें देने पर मजबूर करता है

इस ख़ास लोकतंत्र में ज़ातिवाद, धर्मवाद का स्थान नहीं
शर्त सिर्फ़ इतनी कि दलित, पिछड़े, अल्पसंख्यक
उन्हें ही अपना मतदान करें
अन्यथा उन पर ज़ातिवादी, धर्मवादी, उग्रवादी, आतंकवादी का
इल्ज़ाम लगा देश की एकता-अखंडता के लिए
ख़तरनाक घोषित किया जा सकता है
उनकी व्यवस्था की एक और ख़ास विचित्रता है
प्रेम से निरपेक्ष रहना
कभी-कभी तो प्रेम-विरोधी भी हो जाना
बनना ही है तो देशप्रेमी, धर्मप्रेमी बनिये
किसी स्त्री या पुरुष से प्रेम करना देशद्रोह से कम नहीं
प्रेमीविहीन, प्रेमिकाविहीन, पतिविहीन, पत्नीविहीन
या कुँआरा-जीवन उनके लोकतंत्र का उत्तम श्लोक-सूत्र है
प्रधानमंत्री, मुख्यमंत्री की कुर्सी तक पहुँचने वाला शख़्स भी
या तो कुँआरा होता है या फिर
अपनी जीवित पत्नी को भूल चुका होता है
प्रेम से नफ़रत और नफ़रत से प्रेम करना
उनकी व्यवस्था की ख़ासियत है

इसके अलावा एक शब्द 'पूजा' है उनके पास
जिसे कवच बना अपने दिव्य लोकतंत्र को
दिव्यता प्रदान करते रहते हैं
या कहिये कि उसे बचाये रखते हैं
वैज्ञानिक उपकरणों का उपयोग, उपभोग किन्तु विज्ञान का विरोध
उनके विचारों की चमत्कारी अभिव्यक्ति है
काला धन सफ़ेद करने का सुविधाजनक अवसर प्रदान करना
पूँजी को आवारा पूँजी तक पहुँचाना
तर्क, चिन्तन, वैज्ञानिकी की हवा निकाल देना
उनकी सन्तमिज़ाजी व्यवस्था के प्रमुख मुद्दे हैं
जिनका विरोध सीधे-सीधे देशद्रोह होता है

पता होता है उन्हें अच्छी तरह कि बौद्धिक जगत में
यह जटिल लोकतंत्री व्यवस्था मान्य नहीं
सो परेशान रहते हैं, कहाँ से लायें कोई विकल्प
अपने बरक्स खड़े बौद्धिक जगत का
जो लगातार उनके मंसूबों पर पानी फेरता रहा है
इसके लिए अपने जन्म-काल से ही उन्होंने
दिव्यज्ञान, श्रुति संस्कारों की पाठशालायें खोल रखी हैं
जहाँ मनुष्य को मनुष्य के रूप में नहीं
हिन्दू, मुसलमान, ईसाई, दलित, नीच, सवर्ण, अवर्ण
के रूप में देखा-दिखाया, समझा, समझाया जाता है
और इतना तो उनका लोहा मानना ही होगा
कि इन्हीं लोक-लुभावन आधार-शिलाओं के बलबूते
अभी तक वे अस्तित्व में बने हुए हैं
कभी-कभार सत्ता पर भी क़ाबिज़ होते रहे हैं
जैसे ही भद्रजनों के समक्ष
उनके निजी लोकतंत्र का ख़ुलासा होता है
वे दर-किनार कर दिये जाते हैं

बहुत चिन्तन-मनन के बाद उन्होंने ढूँढ़ निकाला है
अपनी असफलता का रहस्य
बन्द कर दो वह द्वार जहाँ से निकलता है
विश्वकवि रवीन्द्रनाथ ठाकुर का स्वतंत्र-चिन्तन

स्वामी विवेकानन्द का भूख, ग़ुलामी से आज़ादी का आह्वान
बापू का सत्याग्रह, स्वदेशी आन्दोलन
लोहिया, जयप्रकाश, अम्बेडकर, मार्क्स, लेनिन, प्रेमचन्द, टाल्सटॉय, गोर्की
बर्नाड शॉ के विचारों, सिद्धान्तों, दर्शनों पर विचार-विमर्श
व्याकुल हैं जो सीने में जलन आँखों में तूफ़ान लिये
महान विचारों, क्रान्तियों पर मन्थन करते हुए
चाहते हैं जो साम्प्रदायिकता से आज़ादी
भूख, बेरोज़गारी, भ्रष्टाचार से आज़ादी
जनता के बरक्स खड़े एकांगी लोकतंत्र से आज़ादी
वास्तव में शिष्ट, शालीन, शिक्षार्थी नहीं
उद्दंड, क़ानूनतोड़क, देशद्रोही हैं भगत, बिस्मिल, अशफ़ाकुल्लाह, चन्द्रशेखर
जैसे आज़ादी-प्रेमियों की तरह
कुछ सत्तासीनों ने कहा ऐसा और प्रचारतंत्र उन्हें
कन्धों पर बिठाकर उड़ चला
मीडिया की पकड़ सचमुच कड़ी निकली
दो दिनों में ही आज़ादी पसन्द बना डाले गये देशद्रोही

लेकिन दिव्य गर्वीले लोकतंत्रियों को नहीं पता
सरकार मालिक नहीं संविधान का
सिर्फ़ केयरटेकर भर होती है
न्यायालय, प्रशासन, पार्टियाँ, प्रचारतंत्र, मीडिया अपने मन से नहीं
संविधान के मन से चलते हैं
उस संविधान के मन से जो उनका नहीं, जनता का है
जिससे उनका दिव्य, गर्वीला, एकांगी लोकतंत्र नहीं,
जनता का लोकतंत्र निकलता है

जो किसी भी धर्मग्रन्थ से बड़ा, अधिक कल्याणकारी है
और शक्तिशाली इतना कि चकनाचूर कर दे
व्यक्ति, अभिव्यक्ति की स्वतंत्रता के विरुद्ध तमाम साज़िशें

सृजनधर्मियों से

शिद्दत से महसूस करो
इस टूटते और बिखरते हुए समय का ताप
ओ भारत के बेंजामिन मोलाइसे, केन्सारो बिवा, पाब्लो नेरूदा की
वंशावली जीवित रखनेवाले शब्द–ऋषियो!

उतरना होगा तुम्हें वर्जित भाषा, प्रदेश की सड़कों पर
सोच और विचारों के तरकश, गांडीव के साथ
ध्वस्त करने के लिए
आदिम लिपियों में लिखीं धूर्त श्रुतियाँ, मक्कार इबारतें
प्रचारित छली उपदेश, शास्त्रीय ठगी
खोलना होगा एहसासों का नया मोर्चा
ताकि गढ़ा जा सके राज्यविहीनता की नई दुनिया का
पसीने से तरल ख़ूबसूरत नया अध्याय
विश्व संसदों में लिये जा सकें फ़ैसले
अन्तर्राष्ट्रीय सीमायें ख़त्म करने के
शस्त्र और शास्त्र जलाने के
परमाणु बमों को मृतक की तरह
प्रशान्त महासागर में सिराने के

हाथों में क़लम थामे चिन्तन में डूबे हे सृजनधर्मियो!
तुम्हारे शब्द पारे की तरह खौलने के लिए बेताब हैं
नारे इन्तज़ार कर रहे हैं उन स्वरों का
जो किसी क्षेत्रीय, देशीय या महादेशीय भाषा से नहीं
मनुष्य और मनुष्यता की आत्मा से निकलते हैं

मुक्त करो जितनी जल्दी हो सके ओ वाल्मीकि–पुत्रो!
राष्ट्र, नागरिकता, देशभक्ति, सरकार, सत्ता, धर्म–ध्वजा

जैसे घिनौने शब्दों से भरे मानव-कोश
लौटो, जितनी जल्दी हो सके अपनी जड़ों की तरफ़
पहचानते हुए बादल, पवन, धूप, पृथ्वी की आत्मायें,
शाश्वत भूमिकायें, प्रवृत्तियाँ, गतिविधियाँ
क्योंकि देने होंगे जवाब तुम्हें
अगली सदी के अंगारों से जलते प्रश्नों के
कहाँ है दूध हमारे बच्चों का
मिठाई, फल, खिलौने, किताबें, क़लम, उनका बचपन
और उनके सपने क्या हुए
क्या हुआ उनकी सार्वभौम स्वतंत्रता का
समय उनके साथ का
कहाँ रह गया पीछे—बहुत पीछे
क्यों रह गया!

यह सदी

एक

कितनी अच्छी है यह सदी
जिसमें मनुष्यता के लिए
बहुत कुछ किया जा रहा है

पृथ्वी के हर छोर पर
पर्वत, नदी, घाटी, जंगल, गाँव-शहर
हर जगह एक जंग जारी है
दिन को दिन, रात को रात कहने की जंग
आत्माओं को बचाने की जंग
रौशनी के बग़ैर अँधेरे में देखने की जंग
किसी छोटी सी भूल पर सोचने
और उदास हो जाने की जंग
अपने आप से बग़ावत करने
अपना घर फूँक कर मुस्कराते हुए
सड़कों पर निकल जाने की जंग

कितनी प्यारी है यह सदी जिसमें एक साथ
कई-कई ईसाओं ने सलीब चूमी
कई-कई सुक़रातों ने जहर पीया
कई-कई पैग़म्बर मक्का छोड़ने पर मजबूर हुए
फिर भी मनुष्यता की यात्रा तय होती रही
क्या नहीं जानते होंगे पर्वत, नदी, घाटी, जंगल
एक साथ इतने ईसाओं, सुक़रातों, पैग़म्बरों को

जन्म देने वाली सदी
पृथ्वी को कितना सुख देती होगी
माँ के दूध का क़र्ज़ चुकाती
यह सदी कितनी गर्वीली है
जो दुधमुँहे शिशु तक को अपना इतिहास बताती है
कितनी आशा भरी है यह सदी
जिसके अन्त में पृथ्वी का पोर-पोर थिरकने लगा है
झरने गाने लगे हैं मुक्ति के गीत
और जंगल आश्वस्त हो गये हैं
कि अब वे बचा लिये जायेंगे

दो

यह सदी हमें प्रेमिका सी वक्ष से चिपकाये रही
बिखेरती रही फूलों की सुगन्ध लम्हा-लम्हा
सहलाती रही पीठ पृथ्वी की
एहसास कराते हुए उसे उसके वजूद का
पर्वतों, नदियों, घाटियों, जंगलों, बादलों को
चूमती-चाटती रही, सँवारती रही
यह सदी हमें ख़तरों के बीच
प्रेम करने का गुर सिखलाती रही
मानवता की हर कराह पर
चुम्बन और प्यार का मरहम लगाती रही

आकाश चीख़ता रहा
सूरज जलाता रहा धरती की हरियाली
लेकिन नदी बन गुज़र गई यह सदी
सभ्यता के नगरों से
संस्कृति के जंगलों से
सींचती हुई रेशा-रेशा हर पौध का

चिड़ियों की चह-चह से कविता में संगीत भरती
शब्दों में भरती हुई मनुष्यता की तासीर
गुज़री है यह सदी

ख़रगोश के बच्चों की तरह दबे पाँव
कि हमें पता ही नहीं चला
कोई ऐसे भी हमें इतिहास बना सकता है

वह आदमी

वह दढ़ियल, बेपरवाह, बेपता आदमी
इस शह्र के लिए सवाल बन गया है
या अपूछे सवालों का जवाब, नहीं पता

मूसलाधार गालियाँ बरसाता
जगह-जगह पिटते-पिटते बचता
चीकट भरी क़मीज़, फटी फुलपैंट में बेमतलब मुस्कराता
कभी फुसफुसाता हुआ तन्हा सड़क से गुज़रता
सब्ज़ी मार्केट से हरी मिर्च, पुदीना, लहसुन ख़रीदता
कभी पैंट की जेब में हाथ डाले
निकल जाता बदबू भरे मछली मार्केट की तरफ़
और शहर को खँगालता अँधेरे में पार्क की बेंच पर बैठा
लगातार खाँय-खाँय खाँसता

वही आदमी घुसपैठ कर गया एक दिन
हमारी साहित्यिक गोष्ठी में
नाश्ते की सजी प्लेटों पर डीठ गड़ाते हुए
अचानक मंच पर चढ़ माइक के सामने जा
अशुद्ध भाषा में पीले दाँत, मुँह से निकलते ढेरों थूक
और बैठे गले के बीच नामी-गिरामी साहित्यकारों का नाम ले
उन्हें छली मक्कार कहते हुए चिल्लाने लगा
फिर हाथ भाँज उतर गया वर्जित भाषा प्रदेश में
बेधड़क चिग्घाड़ते हुए—
आदर्शवादी, न्यायप्रिय, क्रान्तिकारी, स्वार्थहीन
बनते हैं जो अपनी रचनाओं में
आचरण-व्यवहार में अव्वल दर्जे के घटिया,

नीच, अवसरवादी, स्वार्थी हैं
करते हैं ऐसे आयोजन तिकड़मबाज़ी के तहत...
तभी उसे आयोजकों ने बाँह पकड़ उतार दिया मंच से
हो-हल्ला के बीच सवालों पर सवाल उछले
उसकी बाबत जो हवा में ही टँगे रह गये
वह चलता बना गोष्ठी का नाश्ता किये बिना ही
फिर कई दिनों तक ग़ायब रहने के बाद
चिलचिलाती धूप में पसीने से तर-ब-तर
बिना मडगार्ड वाली साइकिल चलाता
साइकिल दौड़ के प्रतियोगी की तरह
सर्र से गुज़र कर ग़ायब जो हो गया
तो ग़ायब ही रहा उस दिन तक जिस दिन कर्मचारियों के
नये वेतनमान लागू करने को लेकर निकला था हमारा जुलूस
आगे बढ़ते जुलूस के विरोध में तनकर खड़ा था वह
रास्ता रोके चिल्लाता हुआ
ज़ोरदार ना'रों में गुम होती उसकी मिमियाती चीख़ के बीच
जुलूसकर्मियों ने किनारे कर दिया था उसे टाँग कर

उसके कुछ ही दिनों बाद दिखा
ग़ुस्से से तमतमाये अपने हाथों से
ताबड़तोड़ फाड़ते हुए कुछ धार्मिक पोस्टर
एक स्कूल की चहारदीवारी पर से
फिर कोई दो-एक महीना बाद
नज़र आई स्टेशन रोड पर उसकी कृश-काया
कुछ लोगों से पिटते एक पॉकेटमार बच्चे को बचाती हुई
और एक दिन तो हद ही हो गई
सरे बाज़ार चाक़ू से गुदे, बल-बल ख़ून फेंकते
उसके शान्त पड़े शरीर को घेरे
खड़ी थी शह्र की भीड़
चश्मदीदों की फुसफुसाहटों के बीच—
इस आदमी ने बेमतलब दो गुटों की लड़ाई में
अड़ा दी अपनी टाँग
भीड़ का हर आदमी ढूँढ़ता रहा अपने भीतर
उस आदमी के नाहक़ जान देने के पीछे का रहस्य

पुलिस द्वारा लाश उठाये जाने
और डाक्टर द्वारा पोस्टमार्टम किये जाने से लेकर
उसकी अन्त्येष्टि तक
शह्र का हर आदमी पूछता रहा
हर आदमी से उसका नाम और पता

और आज बरसों बाद भी वह बेपता आदमी
नहीं हो पाया है लापता इस शह्र से
जब भी होती है चर्चा
दिनोंदिन मुर्दा बनते जा रहे इस शह्र की
वह दढ़ियल, बेपरवाह, बेपता आदमी
ज़िन्दा हो उठता है

पत्थर

शुष्क बेजान पड़े पत्थर पर
जम जाती है काई, घास बारिश में
फिर कड़ी धूप होते ही
जल जाता है सबकुछ
बरसों यूँ ही चलता है

पत्थर स्वयं नहीं बनता कुछ
जब तक खंडित कर उसे संगतराश
देता नहीं कोई आकार
या फिर क्रेशिंग मशीन
पहाड़ों से काटकर गिट्टियाँ नहीं बनाता
गिट्टियाँ ट्रालियों में लदकर
पहुँचती हैं शह्र-गाँव
मकानों में छत बनकर ढलने के लिए
नदियों पर बनने के लिए पुल
रास्तों में बिछकर बनने के लिए सड़क

खंडित हुआ पत्थर का अस्तित्व
यूँ ही बनता है जीवन्त
यूँ ही बनता है उपयोगी
यूँ ही बनता है सामाजिक
यूँ ही दिखता है सुन्दर
और महान जीवन की तरह सार्थक

हार गया राजा

राजा हारने के लिए होता है
सो हार गया राजा
सत्ता मिटने के लिए होती है
सो मिट गई सत्ता
संविधान बदलने के लिए होता है
सो बदल गया संविधान
पूँजी डूबने के लिए होती है
डूबेगी वह भी एक दिन
राज्य ख़त्म होने के लिए होते हैं
ख़त्म होंगे वे भी एक दिन
संसाधन, सम्पदायें सबके लिए होती हैं
होंगी सबकी वे भी एक दिन

जब बर्फ़ीले नेपाली गोरखों की तरह
उठेंगे एक दिन
मुट्ठियों में आग, साँसों में तूफ़ान लिये
उत्पीड़ित, शोषित, ठिठके हुए लोग
शहंशाहों, प्रजातंत्री आक़ाओं के ख़िलाफ़
बनकर प्रलय-पुत्र
रचा जायेगा तब पूरी धरती पर
स्वतंत्रता, समानता, न्याय, शान्ति, समृद्धि की
अन्तरिम व्यवस्थाओं का महा-इतिहास

अद्वितीय राष्ट्रपति

अद्वितीय राष्ट्रपति ही दुनिया के सबसे बेहतर इन्सान हैं
ऐसा सोचते हुए उनको जब कभी होता है शक
परखते हैं तुरत विश्व संसदों को भेजकर अपना पैग़ाम
हाँ, ना में जवाब के हुक्मरामे के साथ

अद्वितीय राष्ट्रपति ही दुनिया के सबसे ताक़तवर इन्सान हैं
ऐसा सोचते हुए उनको जब कभी होता है शक
किसी कमज़ोर, किन्तु बहादुर देश को सुनाते हैं
एक अपमानजनक फ़रमान जिसकी नाफ़रमानी पर
शुरू होती है उनकी ताक़त की मनमानी

अद्वितीय राष्ट्रपति ही दुनिया के सबसे बड़े शान्ति के पुजारी हैं
ऐसा सोचते हुए उनको जब कभी होता है शक
किसी अदना देश पर आणविक हथियार रखने का
इल्ज़ाम लगा छलनी कर देते हैं
बमों, मिसाइलों से उसकी सरज़मीन

अद्वितीय राष्ट्रपति ही दुनिया के सबसे बड़े न्यायाधीश हैं
ऐसा सोचते हुए उनको जब कभी होता है शक
दरकिनार करते हुए संयुक्त राष्ट्रसंघ को सुना देते हैं
'करो या मरो' के अन्दाज़ में अपने कुछ फ़ैसले

फ़िलहाल अद्वितीय राष्ट्रपति जी ऐसे ही एक शक के निवारण में व्यस्त हैं
और व्यस्त हैं कई देशों के शासक, राजनेता विश्वस्त करने में उन्हें
कि हर बार की तरह उतरेंगे खरा ज़रूर साहब हुज़ूर
इक और अदना मुल्क की कसौटी पर भी

काटेंगे फ़स्ल इस बार अपने लिए

मेड़ों को तपाती
सूरज की बौखलाई हुई धूप जानती है
यह निश्चय आसमान को कँपाने जैसा है
धरती को थर्राने जैसा
सीवान से उठते लू के बवंडरों में चर्चा है
यह निर्णय धधकती हुई आग को
मुट्ठियों में बन्द करने जैसा है

अनुमान करते हैं कुछ लोग इसे
ईंटों से पत्थर तोड़ने जैसा
कुछ लोग कुदाल से अपना पाँव काटना भी मानते हैं
कइयों ने तो यह निश्चय सुन पेशाब तक कर दिया
पर खिल उठी हैं बाँछें धान की झूमती बालियों की
सोने की और गाढ़ी चमक चढ़ गई है
डंठलों, पत्तियों, बालियों पर
जब हाथों में हँसिया लिये आँखों से उन्हें चूमतीं
गुज़री हैं उनके बीच से खेत-मज़दूरिनें
अपनी फुसफुसाहटों की गूँज छोड़तीं—
काटेंगे फ़स्ल इस बार अपने लिए
भूख के साथ अटूट रिश्ता है जिनका
पसीने से हुई गीली मिट्टी पर टिका है वजूद जिनका
नहीं क़ैद होंगे वे मोती अब बाबुओं की बख़ारों में
'कैथहर कला' की वीरमतियों का हुंकार बना यह निश्चय
मास्टर जगदीश के बलिदान की आन है
निचोड़ है डा. निर्मल के अथक संघर्ष का
अपने पुरुखों की शंका का निवारण

वर्तमान का इन्साफ़ है यह फ़ैसला
इसलिए काँपता है तो काँपे सौ बार आसमान
थर्राये धरती हज़ार बार
क़सम है इन हथेलियों की
ललकार है पाँव की फटी बिवाइयों की
काटेंगे फ़स्ल इस बार अपने लिए

साथी

तुम्हें ख़ूँख़ार ज़ालिमों से बचाने के लिए
अपनी पलकों में छुपा लेंगे
पहना देंगे कवच तुम्हें अपने प्राणों का
रोक लेंगे अपने सीनों पर
तुम तक आनेवाली हर गोली

तुमने हमारी आँखों को दृष्टि दी
हृदय में दिये स्पन्दन
उदास, अँधेरी, ज़िन्दगी को
आशाओं का चमकता संसार दिया
छाती में भरा समुद्र सा उमड़ता जोश
हाथों में थमाया अपराजित संघर्ष

हम तुम्हारी पढ़ाई गई किताबों पर
ईमान रखते हैं साथी!
अब्दुल उन्हें कुर्आन मानता है
परमू गीता, रामायण
सारा गाँव-जवार, सीवान उन्हें
रात के सन्नाटे में बाँचता है चुपके-चुपके
और याद करता है तुम्हें चुपचाप
तुम्हारी बातें सूरज-चाँद की तरह सच्ची
तुम्हारे शब्द अनाज के दानों की तरह
भूख को चबा जानेवाले
तुम्हारी चेतावनी
अथाह दल-दल में जाने से रोकने जैसी
तुम्हारी सीख

माँ के गोद के दुलार जैसी
तुम्हारा आह्वान
जेल की काल-कोठरी से निकलने जैसा
तुम्हारा नेतृत्व
जलते रेगिस्तान में नख़्लिस्तान की ठंडक देने वाला
हम तुम्हें कैसे चले जाने दें साथी!
गुरु होकर भी भोले बच्चे हो बहुत
क्या इतना भी नहीं जानते
तुम्हारी ताक में बैठे दरिन्दे अकेले पा
चबा जायेंगे तुम्हारी सूखी काया
सीवान से बाहर निकलते ही

तुम्हारा होना हमारे लिए हमारा होना है
तुम हमारी ज़रूरत हो साथी!
नहीं जाने देंगे तुम्हें अकेले गाँव से बाहर
सुक़रात की तरह तुम्हें नहीं पीने देंगे
ज़ह्र का प्याला

सूरज दा के विदा होने से पहले

ख़रीद लेने दो हमें एक साइकिल, चमरौंधे जूते,
गमछा, झोला, छाता, टार्च, डायरी, क़लम, कुछ काग़ज़
इतिहास, समाजशास्त्र, साहित्य की कुछ किताबें
सीख लेने दो छोटी-छोटी चीज़ों को
सहेज कर रखने का गुर
बड़ी लड़ाइयों में बेहद छोटी चीज़ों का इस्तेमाल
ताकि सूरज दा के विदा होने के बाद भी
बची रहे हमारे पाँव तले की ज़मीन
हमारी हथेलियों की गरमाहट
याद कर लेने दो लालटेन के मद्धिम प्रकाश में
रौशनी से नहाये उनके सबक़—
जितनी जल्दी हो सके बदल डालो अपने जीने के अर्थ
ताकि उतार सको
अन्नदाताओं, वस्त्रदाताओं, विश्वकर्माओं सहित माँओं के ऋण
थके हुए पिताओं की आँखों में भर सको
उनके सपनों के जीवित रहने की आशा

गर्म तवे पर पानी के छींटों से छनछनाते उनके शब्द
याद कर लेने दो—विनाश के विरुद्ध सृजन
पूँजी के विरुद्ध श्रम की सत्ता के लिए
संगठित संघर्ष ज़रूरी है साथियो!
पढ़ो, लड़ो, गढ़ो के लघु सूत्र के साथ
उनके विदा होने से पहले लिखवाने हैं उनसे
ठोस, सटीक, सजीव शब्दों में ना'रे युक्त पर्चे कुछ
काम आयेंगे जो नमूने के तौर पर ज़रूरत-दर-ज़रूरत
उतरने दो केसठ, नवानगर, इटाढ़ी, राजपुर, बक्सर के

नंग-धड़ंग धरती-पुत्रों की व्यथाओं की लम्बी खोह में
साइकिल या पदयात्रा में शामिल जत्थे के साथ
अँधेरी रात में गाँव की पगडंडियों पर
टार्च की रौशनी में बिजली की रफ़्तार से गुज़रने दो

कुरुक्षेत्र में पड़ी उनकी नब्बे वर्षीय काया को
यक़ीन दिलाना है—
हम उनके सपनों की जागीर सुरक्षित रखेंगे
विरासत में मिले संघर्ष ताने रहेंगे छाते की तरह सिर पर
नहीं बनायेंगे उनकी प्रतिमा कोई
उनके विदा होने के बाद
इसलिए डायरी में उन्हीं की तरह
टाँकने दो सारे संकल्प
सम्पूर्ण शाहाबाद की मिट्टी की धमनियों में
रक्त बन प्रवाहित हो जाने दो
ताकि उनके विदा होने के बाद भी लगे
मुक्ति का युद्ध जारी है
और हम उनके साथ-साथ अपने मोर्चे पर
अभी भी डटे हुए हैं

भिखारी ठाकुर

हम तुम्हारे विरह-गीत
उत्सव की बरसात के बीच नहीं गा सकते
तुम्हारी 'प्यारी सुन्दरी' की पीड़ा की थाह
'भोज-थियेटर' के सुसज्जित हॉल में कैसे पा सकते हैं सूत्रधार!
वह दारुण-व्यथा तो आज भी गाँव के शामियाने में
हा-हा-कार के स्वर में गूँज रही है
जहाँ नाचते-गाते हुए तुम्हारी अन्तर्रात्मा
जाने कितनी बार चाक हुई होगी
आज भी 'विदेसिया' की टीसती याद लिये
हमारे घरों में अँधियारा उतरता है
और विरहीनों को नागिन रात डँसती है

अरे ओ, बीसवीं सदी के भोजपुरी के कालिदास, शेक्सपियर
बर्तोल्त ब्रेख़्त के हमख़याल! बतलाओ तो
अपने सिसकते समय के दर्द से कब तक पिघलाते रहोगे
इक्कीसवीं सदी का आधुनिक रंगमंच!
स्त्री को माँ, पत्नी, बेटी बनाने का तुम्हारा लोकरंजक संघर्ष
कब तक जारी रहेगा हमारे रक्त के संवादों में!
अरे ओ, धर्मनायकों के पाषाण-मन को अपने आर्तदुख के
आँसुओं से चुनौती देने वाले हठी नटराज!
हम तुम्हारी युगीन सांस्कृतिक पगड़ी का रहस्य
जान गये हैं कि यह हमारी विरासत, आन, पहचान
और हमारा संकल्प है
हम इसे उत्सवी बारिश में नहीं भिगो सकते
हमें पता है—'बेटी बेचवा' के विलाप से बड़ी होती है
'बेटी मरवा' की वियोग-गाथा

सफल आदमी

घोषित होते हैं सफल जो
अक्सर होते हैं यांत्रिक
धन, यश, कीर्ति की माला से उनकी
आती है बेतरह दुर्गन्ध
हँसने-रोने, गाने-नाचने, नंगा होने की
सड़ी लाशों की तरह महकती हैं उनकी दमित इच्छायें

मुश्किल है बहुत देख पाना
आचार-विचार की मोटी खाल के भीतर
शरारत करने को मचलते शिशु को
जिसकी हत्या करते रहे हैं वे
रोज़-ब-रोज़ लम्हा-दर-लम्हा

दरअस्ल सफल आदमी विरुद्ध होता है अपनी प्रकृति के
जब आती है हँसी, नहीं हँसता तब
नहीं खाता अपनी पसन्द का खाना
लाता नहीं ज़ुबान पर कभी अपनी अन्तर्ध्वनि
केन्द्रित रखना होता है उसे पूरा ध्यान
सिर्फ़ अपने सरोकार पर
समझते, परखते हुए प्रमाणकों के मन-मिज़ाज
बनना होता है उसे उनकी नज़र में
विश्वसनीय, उपयोगी, सेवक, भक्त
हर चन्द कोशिश करनी होती है
अपने उद्धारकों, दाताओं, निर्माताओं को ख़ुश रखने की
जानना होता है कब और कितना हँसना है
कब, कैसे, कितना रोना है, गाना है, बोलना है, जीना है

जलती आग के बीच सूखी लकड़ी सी
अपनी ही रणनीति की चपेट में समाई होती है
उसकी पूरी की पूरी शख़्सियत
रंगमंच के पात्र की तरह वह हर वक़्त
दूसरे के तय किये गये संवाद बोलता रहता है
चेहरे पर हाव-भाव लाता रहता है
दरअस्ल वह दूसरे, तीसरे, चौथे, पाँचवें आदमी का
जीवन जी रहा होता है

सफल आदमी अक्सर श्रेष्ठ आदमी नहीं होता
कभी-कभी तो आदमी तक नहीं होता
नहीं जीता अपनी मर्ज़ी का जीवन
सुनने नहीं देता कभी किसी को
अपनी आत्मा की चीख़ें
चूँकि नहीं छू पाता सफलता का आकाश
फैलाये बिना प्रपंचों के पंख

दीवान का बड़का गाँव

कभी रहा होगा बड़का गाँव किसी दीवान का
आज तो यहाँ का बनिहार तक
लुटाता है इस पर अपनी जान
दूर-दराज़ के इलाक़ों में गूँजती है आज भी
इस गाँव के कोतवाल सिंह यादव की
लंठई और लुंठई की श्रुतियाँ
लेकिन बात यही तक थी तो क्या बात थी

शलभ श्रीराम सिंह को महीनों दारू-मुर्ग़ा परोस हाथ जोड़े
उनकी डाँट और गालियाँ खाने वाला बड़का गाँव
नहीं करता कभी दावा बड़का होने का
क्योंकि नहीं है इसके पास कोई रेलवे-स्टेशन, बस-मार्ग
या कोई जीप, टैक्सी, टेम्पू जैसी सवारी गाड़ी
यहाँ तक कि कोई अस्पताल, स्कूल
बारात टिकने का हॉल या हॉट भी नहीं
कि हाँक सके बड़का होने की डींग
बस अपनी धमनियों में बुद्ध, सुक़रात, लिंकन, मार्क्स के
रक्त प्रवाहित करता चौकड़ी भरता रहता है
हिरण की तरह दिन-रात
दिनेश मुखिया के राजनैतिक दालान से
शशिनारायण के साहित्यिक मंच तक
फिर भी असुविधाओं से भरे इस गाँव के पास ज़रूर कुछ है
वर्ना पसेरी भर धूल से देह ढक
मधुकर सिंह, सुरेश कॉटक, राणाप्रताप, विजयन, सुधीर सुमन सरीखे
साहित्यकार यहाँ फिर-फिर आने को क्यों ललचते

और इतना तो यहाँ हर आनेवाला जान जाता है
हरगिज़ नहीं है यह गाँव
विश्वग्राम में गुम हो जानेवाला कभी
शायद शहीद ज्योतिप्रकाश के ख़ून के रंग लाने का
ज़िन्दा प्रमाण है यह बड़का गाँव
कि चुनावों मेंबूथकैप्चरिंग की कौन कहे
बोगस मतदान करने की भी नहीं की जुर्रत कभी किसी ने
कि इसने अपना संसदीय इतिहास सफ़ेद और हरा बनाये रखा है

चमारों, दुसाधों, पासियों, धोबियों, नाइयों के लिए तो
यह गाँव बड़का नहीं बहुत बड़का है
जो खोलता है कई-कई परतें
देश की नहीं, गाँव की आज़ादी की
कभी अट्ठानवें बरस के पट्ठे शिवनारायण सिंह के चौपाल पर
तो कभी शिक्षक तेज़नारायणसिंह पहलवान के अखाड़े में
कभी 'नवसृजन' के कलाकारों की परिचर्चा में
तो कभी रमाशंकर हलवाई की दुकान पर छिड़ी गरमागरम बहस में
यूँ तो कन्हैया ठाकुर की ख़ामोश ख़ाकसारी भी
किसी बड़का संस्कार की परत खोलती
पूरे गाँव की बेचैन आत्मा से कम नहीं

अब आप इसे इसकी ख़ासियत कहें या नुक़्स
इसने हमेशा देश से आँखें चुराईं
और दुनिया की तरफ़ टकटकी बाँधकर देखी
कहीं इसीलिए तो नहीं सारी सुविधाओं से वंचित
छोटका से भी छोटका रह गया 'दीवान का बड़का' गाँव!
समझ सकते हैं ऐसा कुछ लोग
पर यह गाँव इन सब बातों से निरपेक्ष
मस्त है अपने आप में क़दम-दर-क़दम समाता हुआ
सोच और विचारों के घने जंगल में

कितना अद्‌भुत है कि और गाँवों की तरह
नहीं बिछाता शतरंजी बिसातें
न तुरुप के पत्ते ही रखता है अपने पास

चालें कब की ख़त्म कर चुका है अपनी
और अब हर छोटका से छोटका प्यादा भी
बड़का गाँव का दीवान बन गया है

परमाणु-परीक्षण

एक

जब भी होता है कहीं परमाणु-परीक्षण
विस्फोट की आवाज़ फाड़ती है
कान के पर्दे धरती के ही
आकाश में परीक्षण हो या पाताल में
फटती है छाती धरती की ही
शान्ति के हित हो या सुरक्षा के हित
घायल होती है आख़िरकार धरती ही
आतंक या दबदबा के लिए किया जाता हो
या आतंक, दबदबा के जवाब में
थरथराती है डर से धरती ही

नहीं पहचानता परीक्षण
किसी गाँव किसी शहर की माटी
मानता नहीं किसी देश, महादेश की सरहद
राजस्थान में हो या बलूचिस्तान में
एशिया में या यूरोप में या संसार के किसी कोने में
हिल जाता है कण-कण पूरी धरती का ही
झेलनी पड़ती है विस्फोट की मार
धरती को हर जगह ही
छोड़ना पड़ता है गौरैयों को
धरती पर टिके पेड़ों का आश्रय
धरती के गोद में सिर छिपाये जी रहा
हर निरीह बच्चा चिहुँक उठता है
धरती तब चाहकर भी नहीं चिपका पाती अपने कलेजे से अपने बच्चे

जब भी होता है कहीं कोई परमाणु-विस्फोट
बेबस, विह्वल, बेदम हो जाते हैं माँ और बच्चे

दो

गर्वीली मुस्कान के साथ कहते हैं वे—
गर्व करो, ऊँचा हुआ है सिर तुम्हारा, हम सबका
हमारा ख़ुश होना वैज्ञानिकों के बौद्धिक श्रम का पुरस्कार होगा
पहनाया है ताज भारत के माथे पर
देश के वैज्ञानिकों ने ही तो सरकार के बलबूते
आज बुद्ध के निर्वाण दिवस पर

पीट दिया आख़िरकार डंका हमने भी सरेआम
मिठाई खाने का दिन है आज और ग़रीबों में बाँटने का भी
होली, दीवाली, ईद, क्रिसमस, बैसाखी
कुछ भी समझकर मनाओ यह महापर्व
ख़ुश होना इस महत्तम उपलब्धि पर ही तो
देशभक्ति की कसौटी है
ऐसे समय चेहरे पर उदासी, ग़मी
कहीं ग़द्दारी की गन्ध तो नहीं
सरकार, विपक्ष सभी ने तो फेंकी है
स्वागत की ख़ुशबू देशवासियों की आत्मा में
सच पूछो तो राष्ट्रीय-दिवस, रक्षा दिवस, शौर्य दिवस
आज ही तो है बुद्ध पूर्णिमा के दिन
अपनी तरफ़ कृपाण लेकर बढ़ते अंगुलीमाल को देख
मुस्कराते, निर्भीक खड़े रहने वाले
निहत्थे बुद्ध के निर्वाण का दिन
आज ही तो है बुद्ध-दर्शन की सार्थकता का दिन
जो भेजता रहा है दुनियाभर में दया, करुणा, शान्ति का सन्देश
चिन्दी-चिन्दी होकर आकाश में उड़े
पोखरण की माटी के अस्तित्वहीन अवशेषों से
निकलते सन्देशों को समझना है

बड़ी कीर्ति और यश का दिन है आज
महाउत्सव के लिए तो छोटा है बहुत

सिर्फ़ आज भर का दिन
सप्ताह भर का कर दो इसे
ठहरो तो, पूरा पखवारा ठीक रहेगा
पर कैसे अँटेगी महाउत्सव की ख़ुशियाँ
महज़ पन्द्रह दिनों में
तो फिर पूरा माह ही
नहीं, नहीं, पूरा साल कर दो देश के नाम
देश बड़ा होता है या समय
अनन्तकाल तक मनाओ यह महाउत्सव
डूबता है तो डूबने दो इसके शोर में
घर-गाँव, खेत-पानी, नमक-रोटी का दुख
देश के गर्व से छोटा होता है
आदमी का बड़ा से बड़ा दुख
समझाओ यह सबको जैसे भी हो

रविशंकर का सितार-वादन सुनते हुए

लो, शुरू हो गया
दिल को लहूलुहान करने का तिलस्म
बूढ़ी उँगलियों को
अल्लादद्दीन का चिराग़ मिल गया हो जैसे
पहले अमृत की बूँदा-बाँदी
फिर झींसी...तब रिमझिम
और अब मूसलाधार बारिश
ऐसे में बचा लो अपने आपको तो जानें
अरे...अरे...ओह...आह...
निर्मोही ने घोंप दी सुई कलेजे में
ओह...यह तो धँसती ही जा रही है
यह कैसा स्वाद है चुभन का
उफ़्...लो इस दर्द के सैलाब में तो
पूरी आत्मा ही डूब गई
बेदर्दी ने ख़ूब चखाया दर्द का स्वाद
अब कहाँ है कोई
और कहाँ है पृथ्वी की नश्वरता
क्या पता...!
हम तो घुसे चले जा रहे हैं
सदियों लम्बी सृष्टि-बीज की खोह में
अरे...अब यह क्या...!
हम तो दुधमुँहे बच्चे बन
अपनी माँ का दूधपान करने लगे
क्या यही है अमृत-पान...!
अरे...रे...ओह, अरे यह क्या भई...!
यह कैसा अनहोनी करिश्मा

कि खेल-खेल में ही वक़्त ने
अपने पाँवों में कुल्हाड़ी मार ली
हवा अपनी साँस भींचे जड़ हो गई
और सूरज ने अपनी सारी रौशनी
एकबारगी आँखों में उड़ेल डाली
यह लो...अब पूरे ब्रह्माण्ड का वजूद ही हिलने लगा
इधर उँगलियों ने गति पकड़ी
उधर मृत्यु पछाड़ खाकर गिर पड़ी
ये लो...अब पूरी चेतना ही भींगती चली जा रही है बारिश में
ये बेतहाशा टपकतीं शबनम की बूँदें तो
सृष्टि के सारे रहस्य परत-दर-परत
खोलती चली जा रही हैं
कहाँ है आकाश की ऊँचाई
अरे, हम तो उसे छू रहे हैं
उसे भेद रहे हैं
यह महा आनन्द है या चरम आनन्द
हमें कुछ पता नहीं...आह डूबने दो इसमें...
और यह लो...
हठधर्मी ने आख़िरकार
आसमान की मिट्टी में गाड़ ही दिया
मनुष्यत्व का झंडा...

एक साहित्यकार के पिता के निर्वाण पर

जिनकी शवयात्रा में शामिल हो अपने कन्धे दिये
जिन्हें अपनी आँखों से देखा अग्नि को समर्पित होते
फिर क्यों नहीं मानता मन
कि बन चुके हैं अब वे कल
क्यों नहीं लगता यह सच आम सच की तरह
शायद यह सच नहीं कि वे कल बन चुके हैं
मानवीयता और मनुष्यों की दुनिया में तो
यह बिलकुल सच नहीं
रिश्तों की रौशनी कहाँ बुझती है कभी
नहीं ठंडी होती नज़दीकियों की गर्माहट
कोई कैसे मान ले कि वे अब चले गये
जो अपने बच्चों से कभी रूठे ही नहीं
कभी अपने मित्रों से नाराज़ भी हुए हैं क्या!
अम्मा से निस्संग हुए हैं क्या!
अपने सहयोगियों से आँखें मोड़ी हैं क्या
जो अब वे गुज़रे हुए वक़्त हो जायें!
वे तो हमेशा गुज़रते हुए मौसम रहे हैं

दिखेंगे हमेशा हमारे मन के दर्पण में
आवाज़ देंगे हरदम अपने कमरे से, आँगन से
या सड़क, गली से गुज़रते हुए
जैसे ही कभी हम पहुँचेंगे उनके घर
हमारे अन्दर दौड़ते लहू के बीच से
बेसाख़्ता आवाज़ सुनाई देगी उनकी—
वन्दना! ऐ गुरु (दीपक)! लाओ मीठा पानी

चाय भी बनाओ, इसी बहाने मैं भी पी लूँ ज़रा फिर
जब भी करेंगे हम कोई विमर्श
टोकते-टाकते रहेंगे वे पहले की तरह हमें नहीं क्या
हमारी तेज़ होती साँसों के बीच से!
पहुँचेंगे जब 'वीरपुर' गाँव के ग़रीब-गुरबे दुखों से छटपटाते
मदद की याचना करते बढ़ेंगे किसी के हाथ हमारी तरफ़
लगायेगा कोई उजड़ा हुआ आदमी आश्रय की गुहार
हवा की शक्ल में उनके हाथ तब
झिंझोड़कर हमें एकदम से जगा नहीं देंगे क्या!
शून्य में चमकतीं उनकी आँखों की उदासी
हमें कर्तव्य-बोध से भर नहीं देगी क्या!
गाँव, शह्र, प्रान्त, देश, विश्व में हो रहीं
अन्यायपूर्ण घटनाओं पर चिन्तित होने के लिए
हमारी सोच में घुली उनकी चिन्तायें
हमें चैन से सोने देंगी क्या!
दरअस्ल वे दशकों पूर्व से ही
काया और कीर्ति से परे आत्मा बन जी रहे थे
जिसकी छाया मात्र थी उनकी काया
वही आत्मा जो निष्कपट, निष्कलंक होती है
वही तो थी उनकी कायात्मक आत्मा
गिरहस्थ (गृहस्थ) के रूप में योगी
अपनी दुबली-पतली माटी में विशाल वृक्ष बने
हमने जब से उन्हें समझा-जाना
वे आकश की ओर बढ़ते दिखे
उनके सहपाठी जंग बहादुर राजपुरिया बताते हैं—
कपिलदेव ने कभी गणित में निन्यानबे अंक नहीं लाया
हमेशा सौ में सौ ही रहा
पता नहीं कौन सा चमत्कार मेरे इस दोस्त में था
वालीबॉल में स्टेट लेवेल के खिलाड़ियों के भी
छक्के छुड़ाता मेडल और शील्ड बटोर लाता था
और सबसे बड़ी बात
लगातार मेरा यह अच्छा दोस्त अच्छा आदमी बनता गया
कौन कह सकता है, इतना प्रतिभावान, तेज़, जीनियस रहा इंजीनियर
सहृदयता, सहजता, सरलता की हद पार कर सकता है भला

कोई आकाश बनती आत्मा ही हो सकती है यह
जो कहने के लिए किसी काया में निवास करती थी

अब शक की कोई गुंजाइश नहीं कि
इस बाज़ारी दुनिया में भी जीवित रह सकती है कोई आत्मा
शरीर त्यागने के उपरान्त भी
रह सकती है ज्यों की त्यों हमारी आत्माओं में समा
हमारी काया में पैठी लगातार सक्रिय है उनकी आत्मा
उनके क़दमों की चाप हमेशा सुनाई देगी
उनके हाथ हमारे कन्धों को हमेशा छूते रहेंगे
उनके स्वर कभी घोड़े की टाप
कभी वीणा की झंकार बन हमारे कानों में बजते रहेंगे

जब भी देखेंगे हम कोई विशाल घना वृक्ष
उसके तने पर अपना सिर रख
उनके हाथों की छुअन गहराई से महसूसते हुए
अपना दुख झुठलाते रहेंगे
जब भी कौंधेगी बिजली आकाश में
हमारी पीठ पर उनकी थपथपाहट की गर्मी
हमें अपने सपनों के लिए
संघर्ष करने को उकसाती रहेगी
और हम मौसम बने गुज़रते रहेंगे
उनकी आत्मा के साये में

चली आती हैं बेमतलब कुछ स्मृतियाँ

ढेरों ज़रूरी चीज़ों के बीच
याद रह गई हैं कुछ ग़ैर ज़रूरी चीज़ें भी
किताब, क़लम, कपड़े, रेडियो, टेलिफ़ोन
और बहुत सारी चीज़ों के नीचे दबीं
नहीं कभी सामने पड़तीं जो
छूने का तो सवाल ही कहाँ

ज़ंग खाया डगरौना
डगराते हुए जिसे घूम आया था तीन कोस दूर बाँध मेला
काठ का पुराना बक्सा
भरवाया था दादी ने मुझसे जिसकी दरारों में
सिरफल (श्रीफल) का गुदा
पिछवाड़े की खंडी में उगा बेहया का पौधा
जिसे जड़ से उखाड़ते हुए गड़ गया था उँगली में शीशा
जर्राह, निकाला था बेरहमी से जिसने
उँगली चीरकर शीशे का चूरा
प्राथमिक विद्यालय का शिक्षक
बोलते वक़्त जिसके पोपले मुँह से निकलता था थूक
और न जाने कितनी ही तुच्छ चीज़ें
जो याद आ जाती हैं बेमतलब ही अक्सर

ढेरों असामान्य घटनाओं के बीच
याद रह गई हैं कुछ अति सामान्य घटनायें भी
कटोरी में रखा दूध जो पी गई थी चुपके से एक बिल्ली
तब दूध पीने से जान बचने पर जितना हुआ था ख़ुश मैं
उससे अधिक हुई थी माँ दुखी और संतप्त

पिता के साथ साइकिल पर जाते हुए
कल्हूआर पर चाभा था ऊख
फिर राह चलते लड़के को भी थमाया था
पुलंगी की तरफ़ का एक टुकड़ा
परेशान-हाल नानी की पतली महीन सुई में
पिरोया था धागा मैंने बेमन से
आठ बरस की वय में भी मौसी ने नंगा कर
सबके सामने लगाया था मेरी देह में उबटन
दादा ने बताशा थमा माथा टेकवाया था
अनजान ब्रह्म बाबा के चौरा पर
गुज़ार दिया था ऐसे ही एक दिन बिना खाये-पीये
नौ-गोटिया, बाघ-बकरी खेलते चमरू साह के चबूतरे पर
नाली में गिरी मेरी चवन्नी बहुत मशक़्क़त के बाद
ढूँढ़ निकाली थी एक अल्हड़ लड़की ने जब
स्कूल से भागकर उसी चवन्नी का टिकट कटा
देखी थी फ़िल्म 'मुग़लेआज़म' और मन ही मन
जताई थी उस लड़की के प्रति कृतज्ञता
काटा था खटमलों ने ख़ूब मुझे जिस रात
उसी रात ढिबरी जला पटक-पटक कर खटोले को
मसला था पैर के अँगूठों से सैकड़ों को बेरहमी से

बहुत सी महत्त्वपूर्ण बातों के बीच
याद रह गई हैं कुछ महत्त्वहीन बातें भी
नहीं है ज़िन्दा जबकि एक भी पात्र उसका
बच रहा हूँ सिर्फ़ मैं जो नहीं चाहता याद रखना यह सब
नहीं तैयार मगर छोड़ने को साथ मेरा एक भी स्मृति
जब तक ज़िन्दा रहता है
नाटक का एक भी पात्र, दर्शक
या हवा में गूँजते संवाद को ढोता हुआ समय
ज़िन्दा रहता है तब तक वह सम्पूर्ण नाटक भी
जीवन के सुर-ताल के साथ
नहीं बता सकता कोई
स्मृतियों के स्पर्श का यह अनजाना स्वाद

पापा

एक

पापा! तुम इतना ज़ोर से क्यों बोलते हो
क्यों चिल्लाने लगते हो पूरी ताक़त से
उठा लेते हो सारा घर सिर पर क्यों
किसी छोटी और ग़ैर ज़रूरी बात पर!
पढ़ते-पढ़ते अख़बार
या सुनते-सुनते रेडियो पर समाचार
क्यों तमतमा उठता है ग़ुस्से से तुम्हारा चेहरा
लाल-लाल आँखों से देखने लगते हो क्यों
आलमारी में रखी हुई अपनी किताबें
मम्मी के हाथों मरम्मत होती हुई अपनी क़मीज़
पुरानी टूटी हुई अपनी साइकिल
तीन टाँगों वाली अपनी कुर्सी...!
तब तुम्हारे पास जाने में हमें बहुत डर लगता है

पापा! तुम इतनी गालियाँ क्यों देते हो
उबल पड़ते हो बेतरह क्यों किसी पर
चलते-चलते सड़क पर अपने किसी साथी के साथ
गली के नुक्कड़ वाली चाय की दुकान में
स्कूल-गेट के बुक-सेंटर पर
या कहीं भी किसी समय क्यों लड़ पड़ते हो
सामने वाले की औक़ात जाने बिना
छोटे मुँह बड़ी बात क्यों करते हो पापा!

भूखे-प्यासे जब तुम लौटे होते हो किसी जुलूस से
मम्मी के ज़रा सा पूछने पर

कहाँ लगा दी इतनी देर
क्यों तुनककर उठ जाते हो खाने की थाली पर से
और चले जाते हो थके पाँव घर से बाहर
हमें दर्द से बिलबिलाते छोड़!

पापा! तुम इतना जागते क्यों हो
सोचते क्यों हो इतना सब
क्यों पढ़ते हो इतनी सारी किताबें, अख़बार
क्या किताबों में लिखी होती हैं यही सब
तुम क्यों नहीं समझते कभी
हम सब तुम्हें प्यार करते हैं
क्यों नहीं निकालते तुम
हमें प्यार करने के लिए फ़ुर्सत का कोई पल!

दो

पापा! तुम मुझे स्कूल छोड़ने क्यों नहीं जाते
क्यों नहीं इन्तज़ार करते मेरा
छुट्टी होने के समय स्कूल-गेट पर कभी
क्या बताऊँ तुम्हें
कितना अच्छा लगता है तुम्हारे साथ
तुम्हारी साइकिल पर सफ़र करना

पापा! तुम कभी कोई मिठाई क्यों नहीं लाते
क्यों नहीं ख़रीदते मेरे लिए कोई खिलौना!
तुम क्या जानो
कितनी मिठास होती है तुम्हारी लाई चीज़ों में

पापा! तुम मुझे कभी नये कपड़े क्यों नहीं सिलवाते
हर बार क्यों उठा लाते हो वही जूठे कपड़े
गुदड़ी बाज़ार के लॉट से
तुम नहीं जानते क्या
सस्ता से सस्ता कपड़ा ख़रीद कर

तुम्हारे साथ दर्ज़ी के यहाँ जाते हुए
मुझे कितना मज़ा आता है!

पापा! तुम छुट्टी के दिन
क्यों नहीं चलते कभी कहीं पिकनिक पर
मुझे और मम्मी को लेकर
क्यों नहीं करते कोई घर में ही पार्टी
मेरा जन्मदिन क्यों नहीं मनाते कभी?
क्या तुम्हें पता नहीं
तुम्हारा हँसना-गाना
हमें बहुत भाता है
स्वर्ग का सुख देता है
तुम्हारा क़रीब रहना

मेरीन बीच पर एक सुब्ह

रात का शोर कहीं नहीं है
न बिजलियों की चकमक ही कहीं
अभी भी लेकिन बासी गन्ध उसकी
किनारों से टकरातीं लहरों के
मद्धिम संगीत में घुली है हर तरफ़
निढाल पड़े सैकड़ों ठेलों पर ढके
अनबिके सामान पड़े हैं कफ़न में लिपटे मुर्दों सा
कइयों के आस-पास बालू पर बिखरे
चूस-चूस कर खाई गईं रसदार मछलियों के काँटे
ले उड़ती है कभी कोई चील
उधर रेत पर सुब्ह की सैर को निकले
श्रीमान के साथ का डॉबरमैन कुत्ता
बेक़ाबू हो रहा है उनसे सीकड़ छुड़ा
समुद्र में छलाँग मारने को
जहाँ मल्लाहों के कुछ छोकरे छप-छप कूदते
धमा-चौकड़ी से तोड़ रहे हैं सुब्ह की चुप्पी
एक विदेशी जोड़ा उनकी जल-क्रीड़ा क़ैद करता कैमरे में
एम.जी. रामचन्द्रन की समाधि की तरफ़
घुटने भर फेनिल पानी में खड़ा है
जैसे ही पके पपीते सा सूरज कुछ ऊपर खिसकता है
क्षितिज छूता समुद्र पूरा का पूरा रौशनी में नहा जाता है
तभी कैमरे की आँखें मुड़ जाती हैं
मौजों के बीच बढ़ती डोंगियों की ओर
एक-दो-तीन-चार...कई-कई डोंगियों में सवार मछुआरे
चलाते हुए चप्पू
आग की लपटों सी उठतीं लहरों में डूबते-उतराते

क़ैद हो रहे हैं फटाफट विदेशी युवती के कैमरे में
इधर एक घोड़े पर चढ़ाने का धन्धा करने वाला
बीस रुपये में एक मूँछदार, लम्बे-तगड़े आदमी को
घोड़े पर बिठाये घुमा रहा है
उसे लगाम थामकर फ़ोटो खिंचवाने के लिए
तनकर बैठने की सलाह देता हुआ
आदमी कुछ तना है ज़रूर पर चेहरे पर उसके
डर की रेखायें नज़र आ जाती हैं साफ़-साफ़
बावजूद इसके वह थोड़ा मुस्कराकर कई स्नैप देता है
और अब उतर आया है नीचे आँखों में ख़ुशी की चमक लिये
एलबम में अपनी घुड़सवारी की तस्वीर सँजोने की
उधर विदेशी युवक लेकर युवती से कैमरा देख रहा है
चाँदी से बिछे अथाह जल पर
सुदूर काली चींटियों की तरह बढ़ती जा रहीं डोंगियाँ
जिनमें नहीं दिखते मछुआरे अब
दिखता है सिर्फ़ आग सी लपलपातीं लहरों के विरुद्ध
नन्ही, बेजान चींटियों का साहसिक अभियान
युवक ताबड़तोड़ उतार रहा है तस्वीरें
जिन्हें सँजोयेगा वह अपने निजी एलबम में
या किसी अख़बार-पत्रिका में छपवायेगा
या दे देगा किसी संग्रहालय को
या अपनी एकल चित्र-प्रदर्शनी में इन्हें सजायेगा
या इन्हें बेचकर पैसे कमायेगा
क्या पता... !
पर इतना तो तय है
डोंगियों में सवार मछुआरे
कभी नहीं देख पायेंगे अपनी तस्वीरें
नहीं जान पायेंगे कभी
उनके पेट की जुगत में निकलने का दृश्य
बिकाऊ भी हो सकता है भला इतना
या हो सकता है इतिहास लिखे जाने सा भी
यह दृश्य उपयोगी कभी
या बन सकता है पुरातत्व भी कोई एक-दो सदी बाद

फ़िलहाल इन तथ्यों से अनजान
बेपरवाह से बढ़े जा रहे हैं मछुआरे
किनारे पर खड़ा है घोड़ा चुपचाप
किसी सवार की प्रतीक्षा में
छोकरे अभी भी खेल रहे हैं पनडुब्बी का खेल
श्रीमान अपने कुत्ते के साथ
निकल गये हैं सड़क की ओर
ठेले वैसे ही पड़े हैं बेजान से शान्त
सूरज अब बादलों की ओट में चला गया है
झर रही है मगर फिर भी
चाँदी सी रोशनी चतुर्दिक
थाम लिया हो सूरज को जैसे
महासागर के जल ने

महानगरों की कुछ सड़कें

ख़ूब तेज़ भागती हैं गाड़ियाँ
महानगरों की कुछ सड़कों पर
एक सेकेंड में दस दायें से दस बायें से
सर्र से गुज़र जाती हैं बेपरवाह
चिकनी, चौड़ी, सुन्दर सड़कें आकाशगंगा सी
दोनों किनारों से लौह-सीखचों में सुरक्षित करतीं
गाड़ियों की गतियाँ
लौह-सीखचों के बाहर खुरदरे, पतले, बीमार रास्ते
पैदल यात्रियों से ठसाठस भरे
कि राह चलते देह से देह टकराये
नहीं टकरायें मगर बेपरवाह तेज़ चलतीं गाड़ियाँ आपस में
कभी ग़फ़लत से उन पर चला जाये आदमी तो
माना जाता है आदमी का अपराध
सज़ा देती हैं जिसकी गाड़ियाँ
और जान बचने पर ट्रैफ़िक-पुलिस

तेज़ी से भागती दुनिया में
आदमी को बचाने के लिए
पिछड़ जाने की मूर्खता नहीं करतीं कभी
महानगरों की इन सड़कों पर
ख़ूब तेज़ चलनेवाली गाड़ियाँ
टकरा कर जिनसे आदमी का दुर्घटना-ग्रस्त होना
मानी जाती है आदमी की बड़ी भूल
महानगरों की कुछ सड़कों पर
आदमी को पता चलता है आदमी होने की भूल

छीतूपुर के पॉकेटमार की बीमार बेटी

बी.एच.यू. हॉस्पिटल के चाइल्ड-वार्ड में खिंच गई है
देश के सामाजिक यथार्थ की जीवन्त-तस्वीर
जिसे देखते-गुनते हुए भी न समझने का
अभिनय झलक रहा है
साफ़-साफ़ सबकी आँखों में

चिकित्सक रोज़मर्रा की तरह निरपेक्ष, उपचार में व्यस्त
एटेंडेंस अपने-अपने बीमार बच्चों पर केन्द्रित
शोकाकुल, आशंकित, दौड़ते-हाँफते से
कुल बारह बेडों के वार्ड में
ग्यारह बेटे एक बेटी
लिंग सन्तुलित न होने के बावजूद
एक तरफ़ा होने से बचा लिया है
बेड नं. नौ पर बेहोश पड़ी दो बरस की मानसी ने
तीन घंटे से गया है जिसका बाप
उसके नुस्खे की दवा ख़रीदने

बतियाते हैं वार्ड में आते-जाते लोग
कई तो भविष्यवाणी भी किये जाते हैं
—आने के लिए नहीं गया है
छीतूपुर का यह घोषित पॉकेटमार
बेचारी अभागिन, बेहोश पड़ी बच्ची...चू...चू...

चुप शान्त सुनतीं व्यंग्यात्मक सहानुभूति के ये स्वर
सोचती हैं बेड पर बैठीं शोक-संतप्त
मानसी की माँ और दोनों बड़ी बहनें

—बड़ा है उनका दुख
इस कहने-सुनने से कहीं
इतना बड़ा कि शब्द और स्वर
नहीं ढो सकते उसे
शायद समुन्दर सा गहरा...पहाड़ सा विशाल

चिकित्सकों की पहल पर
वार्ड के लोगों के चन्दे से
मँगा ली गई हैं मानसी की दवाइयाँ
उपचार कारगर सिद्ध हुआ है
खोल दी हैं आँखें उसने
लौट आया है उसका बाप भी दवाइयों के साथ
भद्र जनों की अभद्र भविष्यवाणी को निर्मूल करता
थकान से चूर, हारा हुआ, अशक्त
किन्तु आँखों में आशा की चमक सँजोये
देखता है अपनी बच्ची को
मुस्करा उठी है मानसी

अपनी बच्चियों को सीने से लगाये
छीतूपुर का कथित पॉकेटमार देना चाहता है
पत्नी की आँखों में उमड़ते सवाल का उत्तर
—घर का पुराना पीतल का गगरा, परात, पुरानी साइकिल
बेचने में देर हो गई
लौटा दो सबकी ख़ैरात धन्यवाद के साथ
शायद दुनिया को नहीं पता
मेरे सारे दुखों पर
बहुत भारी है
मेरी बेटियों की मुस्कान

पेट के मेजर ऑपरेशन के दौरान

(ऑपरेशन-थियेटर में जाने से पूर्व)

सोचता हूँ कह ही दूँ साफ़-साफ़
पर किससे कहूँ आख़िर
अर्थ का अनर्थ समझनेवालों से तो नहीं ही कहूँगा
जैसे ही कहूँगा किसी से
—मान लीजिए मेरी मौत हो जाती है...
बस, बस चुप भी रहिये, नहीं बोली जाती ऐसी कुबोली...

अब उन्हें कौन समझाये
मृत्यु तो मामूली घटना से भी हो सकती है
फिर यह तो एक मेजर ऑपरेशन ही है
मान लीजिये वह हो ही जाये जिसकी कल्पना कोई नहीं करता
तो क्या हो जायेगा भला
बस मैं इतना भर चाहता हूँ—
मौत को पछाड़ दिया जाये
और वह ऐसे कि उसे तवज्जोह ही न दिया जाये
वह आये तो आये, उस पर कोई सिर न धुने
नख़रे न बर्दाश्त करे कोई उस नकचढ़ी के
आये ही न कोई उसके प्रभाव में एकदम, हाँ
यह नहीं कि इधर मौत आई
उधर सारा काम ठप्प कर
खड़े हो गये सब घेर कर मेरी लाश
फिर लगे शोक मनाने हाथ पर हाथ धरे
कुछ नहीं, बस बिना कफ़न-वफ़न पहनाये ही
कर दो अन्त्येष्टि यूँ ही और लग जाओ

अपने-अपने काम में सब भूल-भाल कर
फिर देखना कि मौत हत्यारिन के छूटते हैं पसीने कि नहीं

यह तो ज़िन्दगी है जो मारे डर के
उसे दिये जाती है सम्मान-दर-सम्मान
वर्ना मौत ने कब दिया है
ज़िन्दगी को भय, अपमान के सिवा कुछ
बेवक़्त चली आती है साली
एक से एक स्वस्थ, सुन्दर, सत्यवादियों, क्रान्तिकारियों को धर दबोचने

...तो मैं सोच रहा था—
अगर यह मेरे पास आती है
तो इसे ख़ूब ज़लील किया जाये
यानी न निकले किसी आँख से एक बूँद आँसू
न कोई दिल हाय-हाय करे
घर में खाना-वाना पहले सा ही बनता रहे
अगले माह होने वाली मेरे बेटे की शादी हरगिज़ न टले
साल की आख़िरी शाम होनेवाले मुशायरे की तारीख़ न खिसके
नहीं आयोजित हो कोई श्रद्धांजलि सभा
कुछ करना अगर ज़रूरी ही हो
तो कर ली जाये मेरी रचनाओं पर समीक्षा-गोष्ठी
पर वह भी अभी नहीं, ऐज यूजुअल कोर्स में
हर तरफ़ बिछा दी जाये मौत को मात करने की बिसात

कोई माने या न माने
जिसकी मौत से कोई प्रभावित न हो
महान होती है उसकी ज़िन्दगी
दुनिया के गीतों, संगीतों, प्रेम-क्रीड़ाओं, क्रान्तियों में
कोई ख़लल न पड़े जिसकी मौत से
फ़तह कर लेती है उसकी ज़िन्दगी मौत को
पर यह सब कोई सुने तब न
सुहागरानी तो कुछ सुनने से रही
दूसरे से कहने के लिए समय भी तो नहीं है मेरे पास
लो...ओ.टी. से बुलावा भी आ गया

(ऑपरेशन टेबुल पर बेहोशी से पूर्व)
है तो ठीक-ठाक सबकुछ
पर मेरी ख़ैर तभी है जब ये सर्जन
दिल-दिमाग़ से दुरुस्त हों इस वक़्त
आज का उनका यह पहला ऑपरेशन है
...तब क्या ख़ाक अच्छा हुआ
कुछ बुरा ही न हो मेरे लिए यह
और दिनों से अधिक ऑपरेशन करने हैं इन्हें तो आज
कहीं हड़बड़ी में कुछ गड़बड़...

फ़जूल है यह सब सोचना यार
हाथ इतना साफ़ है इस सर्जन का
कि छुरी-क़ैंची अपने आप काम करने लगती हैं
इनके ऑपरेशन से तो कोई मरा नहीं अब तक!
क्या पता मरा हो!
ठीक है मरा होगा
पर वह अभागा सौ में एक ही होगा न!
तो क्या वह एक मैं नहीं हो सकता!
नहीं, हरगिज़ नहीं भई...क्यों!
मेरा बी.पी., प्लाज़्मा, शुगर सब नार्मल है यार
और ये सर्जन तो मेरे दोस्त होने के नाते चौकस हैं विशेष
देखते नहीं, औज़ारों की ख़ुद चेकिंग कर रहे हैं
दे रहे हैं कम्पाउंडरों को हिदायतें
यहीं तो फँस गये मियाँ...सो कैसे!

अब चुप भी करो, जो होगा देखा जायेगा
हूँह...देखा जायेगा, बचोगे तब न देखोगे
अरे अक़्ल के मोटे! भावात्मक लगाव वालों से
नहीं लिया जाता कोई रिस्की काम
पत्थर का कलेजा बना चीड़ना-फाड़ना होता है कुछ
दया, करुणा जो उपजी तो समझो गया बच्चू तेल नापने
ओह, तो कहीं भूल न कर दी हो मैंने
यह डाक्टर सहेबवा तो बड़ा मयगर है, कहीं काँपी उँगलियाँ...
लो सर्जन मेरी कलाई की नस में इंजेक्शन दिलवाने लगे

मुस्करा रहे हैं हौले-हौले मेरे चेहरे पर नज़र गड़ाये
तो थाह पाना चाहते हैं मेरे भीतर के डर की
अच्छा तो जनाब ऑपरेशन के बाद
ढिंढोरा पीटेंगे मेरे दोस्तों के बीच कि डर गया था
ऑपरेशन टेबुल पर एक तथाकथित निडर साहित्यकार
इसका तो एक परसेंट भी नहीं दूँगा चाँस, हुज़ूर

...अरे तो मुस्कराते क्यों नहीं उल्लू के पट्ठे...
ऐसे नहीं यार, दिल की गहराई से
ठीक है, ठीक है कितना और कैसे मुस्कराना है, सब जानता हूँ
सर्जन तो सर्जन कोई मनोचिकित्सक तक नहीं पा सकता थाह
मेरे जैसे नाटकिया की...
देखा, अच्छा रिसपान्स रहा न... !

आश्वस्त दिखते हैं साहब, चलो सँभल गया
मगर लो, फिर उसी नस में सुई धँस गई
फिर देख रहे हैं साहब मेरा चेहरा
देख लो—देख लो, यहाँ मुस्कराहट के सिवा कुछ नहीं मिलने वाला
होगे तुम अपने पेशे के उस्ताद
हम भी तो दर्द की दुनिया के बेताज बादशाह ठहरे
खा गये न गच्चा उस्ताद
जान ही न सके सुई की चुभन को कैसे निगल गया
थूक के एक घूँट के साथ
पर उस्ताद तो अब भी घूरे जा रहे हैं मुझे
अब कब तक मुस्कराता रहूँ आख़िर
मैं कोई भिखारी ठाकुर, ग़ालिब, शरत, प्रेमचन्द तो नहीं
जो पीता रहूँ पीड़ा मुस्कराहटों के साथ

...कहीं लख तो नहीं गये...नहीं, एकदम नहीं, ठीक है सब
नहीं, नहीं कुछ ज़ियादा ही हँस पड़ा
क्या ज़रूरत थी जोकर की तरह हँसने की
अब चाटो अपनी ओवरएक्टिंग
यह क्या! मैं नींद में डूबा जा रहा हूँ
क्या यह हमेशा के लिए है...

क्या मैं इस दुनिया से विदा हो रहा हूँ, ज़रा रुको...

मैं मरने से पहले क़ुबूल करना चाहता हूँ अपने दुष्कर्म
सारे पाप उगलना चाहता हूँ
ज़िन्दगी में बहुत झूठ बोले हैं मैंने
बहुतों को बहुत दुख पहुँचाया है
आप मुस्करा रहे हैं डाक्टर साहब!
मेरी आवाज़ गुम हो गई है...अब मैं कैसे बोलूँ...
मैं नहीं करवाऊँगा अपना ऑपरेशन
आप सिर्फ़ एक दिन की मुहलत दे दीजिये
मैं सबसे माफ़ी माँगूँगा
उन सबसे जो मुझसे उम्मीद लगाये हैं—
मैं उनकी इस प्यारी धरती के मुट्ठी भर
नर-पिशाचों का संहार करूँगा
पर सुविधापरस्त ज़िन्दगी से चिपका रहा
उनके विश्वासों का क़ातिल मैं
मुझे कुछ मुहलत दे दो हे मेरी आत्मा!
कि चिग्घाड़ सकूँ--नहीं हूँ वह, जो दुनिया मुझे समझती रही
जो हूँ मैं, अब वही बनकर मरना चाहता हूँ
ज़िन्दगी चाहे एक दिन, एक घंटा या एक पल की ही क्यों न हो
जी लेने दो मुझे दिल से, सच के साथ
सुनो...सुनो...सु...नो...तो...

(ऑपरेशन के बाद टूटती बेहोशी में)
किसकी आवाज़ है ये मद्धिम सी
बहता हुआ झरना या आसमान से बजती हुई सायरन
है ये मगर एकदम जानी-पहचानी
यह मेरे होंठों को तरल कौन कर रहा है
अच्छा लगता है पर यह ख़्वाब है या सच!
सुब्ह का वक़्त है या रात का!
नींद लेकिन टूट चुकी है शायद
अच्छा, तो यह सुकून देनेवाली आवाज़ मेरी सुहागरानी की है
मगर जमघट के ये भनभनाते स्वर...!
कुछ ख़ास बात है ज़रूर मेरे साथ

हाँ, याद आया, मेरे ऑपरेशन की बात थी
हुआ या नहीं...!
यह आँखों पर किसने रख दिया है भारी पत्थर सा कुछ
अब क्या कुछ ख़ाक पता चले
आवाज़ें ही आवाज़ें हैं यहाँ तो
क्या मैं आवाज़ों के घने जंगल में घिर गया हूँ
मगर क्या कह रही हैं ये आवाज़ें! सुनूँ तो

कुछ नहीं समझ में आ रहा
अच्छी नहीं लगती हैं इस वक़्त ये
अब इन्हें सार्थक कहूँ या निरर्थक
इतनी आवाज़ें सुन चुप भी कैसे रहूँ भला
ओह, मेरी तो ज़ुबान ही चिपका दी है किसी ने गोंद से
अब न कुछ देखूँ, न कुछ बोलूँ, पर सुनना तो फिर भी है
कोई मेरे कान क्यों नहीं बन्द कर देता
लो मैं ही अन्दर से बन्द कर लेता हूँ
मगर आवाज़ें तो अब भी कान फाड़ रही हैं
अरे, रे अच्छा तो यह धीमी आवाज़ पहचान ही ली दीपक की
और यह पतली महीन बंटी की है न!
शाहिद, सुहैल, वसन्त चौबे की आवाज़ें साफ़ चनचना रही हैं
सहमी सी मीठी आवाज़ यह बेशक शशांक की है
मेरे सिर के पास शहद घोलतीं आवाज़ें अनुराग, नताशा, प्रशान्त की हैं
'सब ठीक है भैया' ओह तो यह वन्दना है

अब मैं समझ सकता हूँ सबकुछ
बस बोल और देख ही नहीं सकता
तो मुझे ज़िन्दा रखने की तमाम साज़िशें सफल हो गईं
यह तो बहुत पहले से पता था
एक अच्छा मौक़ा हाथ से निकल गया
अपने इन मेह्रबानों, क़द्रदानों, अज़ीज़ों को धत्ता बताने का
सबसे चुन-चुन कर बदला लेने का
मगर इन मरदूमों ने नाकाम कर दिया उसे
जितनी मुस्तैदी दिखाई है इन अहमक़ों ने आज
उतना साहित्य के आयोजनों पर दिखाते तो क्या कहने थे

झटका खाने का हर छेद ही मूँद दिया था
मुसटंड की तरह खड़ा था बंटिया
कहीं ख़ून-वून की ज़रूरत हो तो...
दीपकवा तो सूत्रधारे है
सुना कि कुछ ही देर पहले साबित सहेबवा मेरे कान में
ग़ज़ल पढ़कर गया है
साला अपनी मुशायराबाज़ी के लिए ज़िन्दा रखना चाहता है मुझे
क़ाहिल सुहेलवा को देखो
प्रोग्राम में वक़्त गुज़ारते नानी मरती है मगर यहाँ
पाँच घंटे से मर-खप रहा है आराम से
महाभुल्लकड़ शशांक शेखरवा ने कैसे याद रखा है
भला आज का सबक़
इसे तो मैंने बताया भी नहीं था मगर सूँघ लिया सबकुछ
बसन्त चौबइया को तो एक घंटा की भी फ़ुर्सत नहीं होती
फिर यहाँ सुबह से ही बने रहने का मतलब क्या!

ख़ूब...मैं ख़ूब जानता हूँ
लाद दो हज़ार मन का अपने एहसानों का बोझ
कि उठाये न उठे
और यह पत्नी! अरे यार
ज़िन्दा नहीं रहूँगा तो लड़ेगी किससे रोज़!
अच्छा है, अच्छा है, तुमलोगों का नुस्ख़ा
पर नहीं जानते हो, मैं उल्टा कर दूँगा सब
साँप न मरे और लाठी टूट जाये
ज़रा उठ तो जाने दो बिस्तर से
एक-एक को यूँ जोतूँगा कि मानना पड़ेगा बच्चू
बड़ा महँगा पड़ता है
किसी शायर, कवि को ज़िन्दा रखना

(बीमार शायर के नाम : साल की आख़िरी शाम)
मेरे जीवन का उत्सव है यह
या मृत्योपरान्त का आत्मतर्पण
जो भी हो, पर है बहुत सुखद, उत्साहवर्द्धक
मुहैया कराया है जिसे मित्रों ने इस नर्सिंग होम में ही

भींग रहा है मन उद्‌गारों की बारिश में
पहली बार शायद तृप्त हो रही है मेरी कविताओं की आत्मा
कितनी मीठी लग रही है मित्रों की कृपा
छलका रहे हैं जिसमें प्रेम-सम्मान बेतरह
अब कोई क्यों न हो गद्‌गद भला
यही तो होता है किसी कवि, शायर के फूलने का वक़्त
कोई दाँव-पेंच नहीं तो बीमार होना बुरा कहाँ!
पर कहीं यह उनकी दया की भीख न हो
या मुझे तोड़ने की न हो अचूक रणनीति उनकी
तय हुआ था सबकुछ मेरी उपस्थिति में ही
प्रस्ताव के वक़्त सबने देखा था ग़ौर से मेरा चेहरा
पहचानी होगी ख़ूब सबने मेरी आँखों की कातरता
पढ़ी होंगी साफ़-साफ़ हिचकिचाहटों भरी मेरी आवाज़ में घुलीं
अब तक की अप्राप्ति की कुंठायें
क्यों रह गया चुप, नहीं थी सम्मान की भूख तो!
पानी की तरह बह गया कठोर आदर्श
ढह गये सब व्रत-संकल्प
गुदगुदा रहे हैं प्रशंसा के चिकने-चुपड़े शब्द कैसे
कुछ जायज़ भी हों तो ख़ुशफ़ह्‌मी नाजायज़ नहीं क्या
और यह इतराना कैसा...!
तो अब तक झूठ के लबादे में छिपाया था अपना वजूद
ख़ूब, बहुत ख़ूब, पर नहीं जानते 'नयन' तुम
चित्त हुए हो आज किस क़दर
सच तो यह है
नहीं था शीशे की तरह तुम्हारा ज़मीर कभी
रहा होता तो क्या ज़रूरत थी इस नाम-वाम-मान-सम्मान की
ढकोसले और प्रपंच की बुनियाद पर टिकी दीवार
भुरभुराकर गिरनी ही थी एक दिन

चूर-चूर कर रहे हैं सब मिलकर तुम्हारा दम्भ
तुम्हें नंगा करने की सारी साज़िशें उनकी सफल हो रही हैं
अब हँसो मत रोओ
रोओ कि तुम भी लालची और बेलाज निकले
रोओ कि अब मर गये हो तुम

रोओ कि तुम्हारी मौत पर कोई रो नहीं रहा है
सब हँस रहे हैं, ग़म या ख़ुशी से नहीं, व्यंग्य से
और सुनो सबसे बड़ी रोने की बात
तुम्हें इस मौत के बाद भी ज़िन्दा रहना होगा
भुगतनी होगी शायद सबसे कठोर सज़ा
मरे हुए ज़मीर से
ज़िन्दगी की कवितायें रचने की

दिल्ली आना उसका

एक

आना उसका दिल्ली घटना या कि दुर्घटना है
कठिन है कहना कुछ उसके लिए
उड़ते हुए महानगर में सबको उड़ता देख
उड़ता है वह भी अपने पैरों-हाथों के चार पंखों से
अट्ठावन की वय में भी चलती बस में
चढ़ते-उतरते, धक्के खाते खड़े-खड़े तय कर लेता है
बीस-तीस किलोमीटर का सफ़र भी
सवारियों और सवारों के अट्टहासमय शोर में
गुम न हो जाये उसकी मरियल आवाज़
सोचकर बोलता है एड़ी-चोटी का ज़ोर लगा
चाहता है सीधे-सीधे जानना-समझना
राजधानी का बौद्धिक मिज़ाज
नहीं छोड़ता कोई गोष्ठी, पुस्तक-प्रदर्शनी, कॉफ़ी हाउस की बहसें
चाहे रात बारह बजे ही लौटना पड़े आवास तो क्या
इस कसरत में
मात्र दस किलो वज़न घटा है तीस दिनों में
सीढ़ियाँ चढ़ते साँस उखड़ने लगी है
रात में कई बार उठता है कुकुरख़ाँसी का ज्वार

दो

दिल्ली आकर वह डायरी नहीं लिखता
सिर्फ़ डायरी के पन्ने पढ़ लेता है कभी-कभी
वक़्त इतना भी क़ीमती होता है भला

नहीं था पता पहले
पानी की तरह तरल आदमी देखा था
पर बर्फ़ की तरह जमी
सूरज की गर्म धूप को हराती
आदमी की फ़ितरत से
नावाक़िफ़ रहा अब तक
वाक़िफ़ रहा सिर्फ़
कहीं भी कभी भी अपने अलापने
गप्प लड़ाने की क़स्बाई बीमारी से
जो शायद अब पूरी तरह ख़त्म हो गई है
वह हत्प्रभ, भौचक, ख़ौफ़ज़दा है
पद, प्रतिष्ठा, पैसा के लिए संघर्ष पालने की
महानगरीय बीमारी से ग्रस्त हुए जीवों को देख
फ़िलहाल सोचता है—
क्या यह बीमारी छुआछूत की है
या बिना कीटाणुओं के संसर्ग में आये भी
लग सकती है यह
हमारे ज़मीर को!

तुम्हारी याद

मुझे याद है
जब तुम पहली बार मिली थी
अपनी बिखरी ज़ुल्फ़ों और थरथराती आवाज़ के साथ
भूख, बेरोज़गारी के वे उदास, बोझिल दिन
शायद इसीलिए मेरी ज़िन्दगी में आये थे
कि तुम निःसंकोच मेरे क़रीब आ सको
छू सको मुझे ज़मीर से रूह तक
परख सको अपनी हथेलियों पर रगड़कर मेरी चाहत

अन्तर्वीक्षा में बार-बार असफल होनेवाला मैं
तुम्हारे प्रणय की अग्नि-परीक्षाओं में कैसे हुआ उत्तीर्ण
पूछता हूँ आज भी
उसी बूढ़े आम्र-वृक्ष से
जिसके नीचे मैं सुस्ताता था
दस कट्ठा खेत जोतने के बाद
और तुम घर लौटते हुए
मेरी चप्पलें छिपा देती थीं
पूछता हूँ तुम्हारी एक जोड़ी हवाई चप्पल से भी
जो तुम्हारी फटी एड़ियों वाले पैरों में
ढीली होती थीं
चुराई थीं जिन्हें मैंने
तुम्हें छकाने के लिए एक बार

जानता हूँ प्रिये
अपने से अधिक तुम्हें जानता हूँ
तुमने मुझे इतना क्यों चाहा

कि मेरे पास मेरा अपना कुछ न रह गया
क्या मेरे पके सफ़ेद बाल जवाब दे सकेंगे
मैं अपने अविवाहित और कुँआरे जीवन के हर वसन्त को
एक निरक्षर, गँवार, अरूपा युवती को
निश्चिंत होकर क्यों सौंपता रहा!
मुझे पता है
हमेशा की तरह अनुत्तरित रहेंगे मेरे प्रश्न
क्योंकि तुम्हारी अविकल याद
सिर्फ़ एक तुष्टिकर पहल है
प्रेम की बेलौस अभिव्यक्ति की

कह सकता हूँ पूरे इत्मीनान के साथ
मेरे लिए तुम्हारी याद का मतलब
तुम्हें अपने आलिंगन में बाँधने की तड़प नहीं
मुझमें प्रेम को भोगने की तमीज़ भरना है

यह कोई उन्माद नहीं

किसी से सुना—
तुम्हें चम्पा के फूल बहुत पसन्द हैं
बस गुलाब की तरफ़ मैंने देखना छोड़ दिया
किसी ने बताया—
तुम्हें लीची का स्वाद बहुत अच्छा लगता है
और मैं आम-अमरूद, सेब-संतरा, अंगूर का स्वाद भूल गया
मालूम हुआ जब
तुमसे आधा कप भी दूध नहीं पीया जाता
मैंने दूध को मुँह नहीं लगाया
तुम्हें प्याज़-नमक के साथ रोटी स्वादिष्ट लगती है
जब जाना
मुझे सारे पकवान फीके लगने लगे
तुम्हें ऊँची, तेज़, आवाज़ नहीं सुहाती
जैसे ही पता चला
मेरी आवाज़ धीमी हो गई
मैं मितभाषी हो गया
तुम्हारा मन कविता-कहानी में बसता है
जानने के बाद मैं कविताओं-कहानियों में डूब गया
जब देखा तुम्हें बारिश में देर तक नहाते
पहली बार मैंने बारिश की आग़ोश में
समाने का स्वर्गिक आनन्द पाया
तुम्हें खुली वादियों में अकेले घूमते जिस दिन देखा
उसी दिन से मेरा मन प्रकृति में रम गया
तुम्हें झूठ से नफ़रत है सच से प्रेम
पता चलते ही मैं झूठ को साँप समझने लगा
और सच का हर प्रहार हँसते-हँसते झेलने लगा

तुम्हारी हर रुचि मुझे प्रिय लगी
तुम्हारी हर पसन्द पर मैं न्योछावर हुआ
तुम्हारी हर इच्छा मुझमें आत्मसात हो गई
तुम्हारे जीवन का हर रंग
मुझे इन्द्रधनुष की तरह भाया

तुम्हारी सौगन्ध प्रिये!
यह कोई उन्माद नहीं, विकार नहीं
पागलपन या जुनून भी नहीं
नहीं पता मेरे साथ ऐसा क्यों हुआ
बस इतना पता है—
मेरे इस आन्तरिक विस्फोट से
मृत्यु डरने लगी है, आकाश काँपने लगा है
धरती की हरियाली बढ़ने लगी है
और अब मुझे अँधेरे में भी
सबकुछ दिखने लगा है

प्रेम में ख़ामोशियाँ

एक

प्रेम में ख़ामोशियाँ अर्थवान हो जाती हैं
साँसों की गन्ध से दर्द में डूबे दिल
भेजते हैं सन्तुरी भाषा में सन्देश
आँखें सुनने-सुनाने लगती हैं
समुन्दरों की व्याकुल ध्वनियाँ
बन्द लबों की अव्यक्त मुस्कान
रौशनी में नहाये बल खाते शब्द बन
पसर जाती है आस-पास

तब अँधेरे में भी
देह के पोर-पोर से निकलती
सुरीली तान पर नाच उठती हैं साँसें
फूट पड़ते हैं
हौले-हौले आँखों से बजते हुए तरल बोल
ऐसे में उँगलियाँ भी समझ जाती हैं
अपने कम्पन का मतलब
और ढीठ लम्हे ठिठक कर सुनने लगते हैं
बेताब ख़ामोशियों की अर्थवान बातें

दो

प्रेम में बातें करनी हों
तो ख़ामोशियाँ बहुत कारगर होती हैं
शब्दों की भाषा में ठीक-ठीक नहीं कहा जा सकता

कोई कितना प्यार करता है किसी को
नहीं बतला सकता कोई लिखकर भी
वह किसी के लिए क्या कर सकता है
हद से हद कोई यही कहेगा
वह उसके लिए मर सकता है
जबकि प्रेम में जान देने से भी बड़ी
असम्भव सी दिखनेवाली कई क़ुर्बानियाँ होती हैं

ज़िन्दगी में हर पल प्रेम के लिए जीना
और प्रेम को मरने से बचाये रखना
प्रेम में जान देने से बड़ा होता है
यह जताना सिर्फ़ और सिर्फ़
दिल से दिल तक पहुँचती
ख़ामोशियों की ज़ुबान में ही सम्भव है

तीन

प्रेम ख़ामोशियों में उपजता है
पलता है, परवान भी चढ़ता है
प्रेम करने के लिए
ख़ामोशियाँ बहुत मुफ़ीद होती हैं
या यूँ कहें—
बिना ख़ामोशियों के प्रेम नहीं किया जा सकता
क्योंकि ख़ामोशियों के बीच ही
बेचारा दिल रो सकता है, बिफ़र सकता है
वह सबकुछ कर सकता है जो
प्रेम करने के लिए ज़रूरी होता है
न हों ख़ामोशियाँ तो
यक़ीनन प्रेमियों से प्रेम ख़फ़ा हो जाये
इसलिए आओ प्रिये!
हम ख़ामोशियों का आलिंगन करें
और करने दें ख़ामोशियों को अपने प्रेम का आलिंगन

चार

जब बरसती हैं ख़ामोशियाँ प्रेमियों पर
वे घायल हिरनी की तरह छटपटा उठते हैं
और राहत के लिए
ख़ामोशियों की ही पनाह ढूँढ़ते हैं

ख़ामोशियों में डूबे हुए प्रेमी
एक-दूसरे के प्रेम की गहराई की थाह लेते हैं
एक-दूसरे पर उड़ेलते हैं प्रेम के बारे में अपना सोच
कि ख़ामोशियाँ प्रेम का संवाहक हैं
प्रेम को जीने का उपक्रम, प्रेम की उम्मीदें हैं
और यह भी कि बिना ख़ामोशियों के
कोई नहीं सोच सकता
उसे क्यों किसी से प्रेम है
नहीं पहचानी जा सकती प्रेम में प्रेमियों की भूमिका
और नहीं हुआ जा सकता है प्रेममय या प्रेम से सराबोर

पाँच

शायद हम नहीं जानते
प्रेम से बड़ा कोई युद्ध नहीं
प्रेम में हुई हार के स्वाद से बढ़कर
कोई और स्वाद नहीं
शायद हम यह भी नहीं जानते
प्रेम में हार का स्वाद चखना बहुत मुश्किल होता है
जब हम लड़ते होते हैं अपने प्रेमी से
तो उससे जीतने का ख़तरा ही अधिक होता है
प्रेम में हारने के लिए
ख़ामोशियों के हथियार अनिवार्य हैं
फिर भी किसकी हार होगी नहीं कहा जा सकता
किन्तु तय है, बग़ैर ख़ामोशियों के हथियारों के
प्रेम का युद्ध नहीं हारा जा सकता
और बग़ैर हारे

प्रेम का स्वाद नहीं चखा जा सकता
इसलिए आओ प्रिये!
ख़ामोशियों के कारगर इस्तेमाल से
हम दोनों इस युद्ध में हार जायें
ताकि चख सकें प्रेम का अमृत स्वाद

बिसमिल्ला की शहनाई

एक

वह जब बजाता था अपने आपको
हम देखते थे उसे बजाते हुए शहनाई
और सुनते थे ख़ुद को बजते हुए
दरअस्ल वह शहनाई नहीं, कुछ और बजाता था
जिसे न हम समझ सकते थे न वह समझा सकता था
वह जो कुछ भी बजाता उससे दुखों का
एक विशाल पहाड़ टूटा करता था
हम जिसे टूटते हुए सुना करते थे

जब वह स्वयं को फूँकता
सुरों में तब्दील हो जाता उसके अन्तर का कोलाहल
उसके लहू में जमा तूफ़ान
उसकी रूह से टूट कर बरसता हुआ दुख
जिन्हें सुनते हुए हम पिघलने लगते
फिर बहने लगतीं हमारे भीतर एक साथ
बिना किनारेवाली अनेक नदियाँ
राग नहीं था न कोई धुन थी उस आवाज़ में
बस एक चीख़ थी
डुमराँव और बनारस की गलियों में
किसी अनाथ बच्चे के दौड़ते पाँव, हाँफते कलेजे की
एक कराह थी आज़ाद देश के
किसी ग़ुलाम बच्चे के ख़रोश लगे गले की

उसे बजाते हुए हम देखते थे बाँके बिहारी मन्दिर में
बाबा विश्वनाथ के मन्दिर में, मक्का में

देश-विदेश के संगीत-समारोहों में
पर हर जगह एक ही जगह होती थी
बस एक कच्ची मिट्टी से बने मकान की चौखठ
जिसकी दीवारों की भभकती गन्ध उसकी साँसों से फूटती थी
और हमें सुगन्धित करने लगती थी
हम देखते थे उसकी साँसों का टकराना
फूलती हुई नसों के साथ
उसके गले का उतरना सुरों के मैदाने-जंग में
जहाँ गूँज पर गूँज उछलती थी
जो हवा में उसके दिल के टूटे खिलौने की
चिन्दी-चिन्दी उड़ाती चली जाती थी
किसी चमत्कार की तरह वह हर बार चुपके से
अपने टूटे खिलौने जोड़ लेता था
फिर काफ़ी जद्दोजहद के बाद
रचने लगता था अपने सपनों की दुनिया
(जो उसके मरते दम तक कभी पूरी न हो सकी)
एक सधे खिलाड़ी या योद्धा की तरह
उसे ठीक-ठीक पता होता था
उसके वादन का हर टुकड़ा और कुछ नहीं
बस पैंतरा है एक मासूम दुनिया लील जाने को आतुर
महा अन्धकार को परास्त करने का

हमें शायद पता न हो वह बजाता रहा ताउम्र
अपनी साँसों पर बिठाये अपनी ही ज़िन्दगी
और हम सुनते रहे हर बार
अपने ही दुखों का महाचीत्कार

दो

हवा को जब कभी थर्रा देती
उसकी शहनाई की लहराती धुन
एक प्रचंड बवंडर मच जाता हमारे दिलों के अन्तरीप में
खुलते चले जाते ज़िन्दगी के कितने ही दरीचे
पहले सिहरन होती फिर कम्पन उठता हमारे दिलों में

झटके खाते हुए हर किसी का मन
तन से अलग हो जाता
बवंडर हमें उठा ले जाता
आकाश की ऊँचाई में नहीं, धरती की गहराई में
जहाँ रौशनी की किरणें नहीं होने के बावजूद
सबकुछ धवल दिखता
पलकें मुँदी होतीं और दृष्टि
बहुत दूर तक नीचे उतरती चली जाती
हम देखते—आकाश से भी विस्तृत धरती का गोद
कहीं कोई सूरज, चाँद, तारा नहीं
फिर भी बर्फ़ीला उजाला चारों तरफ़ जमा हुआ
सुनसान उजाले में थिरकती हुई स्वर-लहरी का साम्राज्य
स्वरों की धुन से पैदा होते उजाले हमें चमत्कृत करते
लिपि, बोली से भी स्पष्ट स्वर-लहरी की भाषा इतनी सार्थक
कि लम्हों में कबीर, तुलसी, मीरा, वारिसशाह, बुल्लेशाह को पढ़ लेते
पा लेते जीवन से मृत्यु तक की यात्रा का रहस्य
अचानक स्वर-लहरी का आवेश मीठी चुभन पैदा कर देता
कोई पुरानी पीड़ा बड़ी शिद्दत से उभर उठती
मदहोशी के आलम में पता नहीं चल पाता
पीड़ा अपनी है या किसी अपने की
किसी अनजाने की या पराये की
शायद वह पीड़ा आदमी से इन्सान बनने की हुआ करती
जो एक ऐसा स्वाद देती जिसे बताना बहुत मुश्किल होता
और वह जगह अपरिचित, अदेखी होने पर भी
बहुत आत्मीय, प्रिय, अद्वितीय लगती
जैसे-जैसे स्वर-लहरी अपनी गति बढ़ाती उजाला और गहराता
फिर कुछ ही लम्हों के उपरान्त प्रकाश का महासागर उमड़ पड़ता
ऐसा कि सातों घोड़ों पर सवार सूरज भी फीका पड़ जाये
हर तरफ़ आग की चमक, किन्तु कोई जलन, तपिश नहीं
धरती के पोर-पोर से निकलती आवाज़ सूरज, चाँद, तारों
से भी प्रबल उजास बनी झर रही होती
हम उसे अपनी आत्मा में ठूँस-ठूँस कर भरते
कि वह स्वयं हमारी आत्मा में भरती जाती, नहीं पता
तब हमारे अन्दर की हिंसा पनाह माँगती भाग खड़ी होती

सच कहता हूँ
कुछ ही लम्हों के लिए सही
हम जी भरकर जी लेते
प्रेम, शान्ति, आनन्द के उस दुर्लभ अन्तराल को

गू-मूत के जीव

बताया गया उन्हें ज़ोरदार तर्क के साथ—जानवर उनसे श्रेष्ठ हैं
हर जानवर किसी न किसी देवी-देवता की सवारी होता है
चूँकि वे नहीं थे कोई जानवर तो नहीं हो सके सवारी किसी की
तय कर दी गई उनकी भूमिका श्रेष्ठ जनों की सवारी की
श्रेष्ठ जन जो देवता तुल्य हैं शेष जनों के लिए
फिर कथायें गढ़ी गईं, प्रचारित की गईं रोमांचक किंवदन्तियाँ
चमत्कारिक श्रुतियाँ उनके अन्तर्मन में घुसेड़ी गईं
बताई गई इस नश्वर जीव-जगत के
विधि-विधान में उनकी शाश्वत भूमिका
वे गू-मूत, मल-मूत्र के लिए बने हैं
मल-मूत्र जैसे धरती के लिए बनता है खाद
बनना होगा वैसे ही उन्हें श्रेष्ठ जनों के लिए
खाद-पानी, अन्न, सेवक और सवारी
समझना नहीं होगा स्वयं को जानवर के समतुल्य भी
यही है उनका आदेशित कर्तव्य इस विधान के लिए
जो निःसन्देह कल्याणकारी है उनके और सबके लिए भी
ऐसा मानना चाहिए (होगा) क्योंकि चीख़ते हैं
देवभाषा में शास्त्र, धर्म, पुरोहित, पंडा
श्रेष्ठ जनों का न्यायशास्त्र भी इसी की पुष्टि करता है
नहीं होगा तनिक सन्देह जिन्हें इस आदेशित कर्तव्य-विधान पर
सँवार लेंगे अपना परलोक वे
अन्यथा यही गू-मूत की भूमिका अगले जन्म में भी

विधि के विधान में क्यों हुआ ऐसा उनके साथ ही
इसकी पड़ताल करना पाप, इस पर सोचना पाप
इस पर हाय-तौबा मचाना तो महापाप

इस महामंत्र पर श्रेष्ठजनों को अटूट विश्वास रहा
किन्तु जब बहना शुरू हुआ सवारियों-सेवकों का पसीना
सोखने लगी तपती दोपहरी श्रमिकों का लहू
ज़मीन और पहाड़ से लोहा लेने लगीं ग़ुलामों की हथेलियाँ
साफ़-सुथरा कर चमकाने लगे गू-मूत के जीव
यह गन्दा और बदतर संसार
तो महामंत्र प्रभावहीन, निष्फल हो गया

श्रेष्ठ जनों को पता नहीं था
ज्ञान किताबों से नहीं, श्रम से उपजता है
यातनाओं, मुसीबतों का सामना करते वक़्त
खुलने लगते हैं ज्ञान के दसों दरवाज़े
मनुष्य में अपनी मुक्ति के उक्ति ढूँढ़ने के
जन्मज़ात गुण का पता बिल्कुल नहीं था श्रेष्ठ जनों को
बस खा गये गच्चा
पहले उनके सन्देह की चिनगारियाँ उड़ीं
फिर आग में तब्दील हुईं
और विद्रोह की ज्वालामुखी बन फट पड़ीं
शास्त्र जले
श्रेष्ठ जनों ने शस्त्र उठाये
जवाब में असंख्य शस्त्र और अस्त्र उठ गये

श्रम की संस्कृति ने रचा लोकभाषा में
मनुष्य का इतिहास, मनुष्यता का साहित्य
परास्त कर रहा है जो शास्त्र, शस्त्र दोनों को
मुक्त कर रहा है, चर, अचर, सबकुछ
फैल रहा है गू-मूत का
अद्‌भुत, अपराजेय, सुन्दर, स्वस्थ सृजन
धरती से आकाश तक

बीमार नवज़ात शिशु की आँखों में झाँकते हुए

एक

न जाने कितने सच झिलमिलाते हैं
तुम्हारी नन्ही, चमकीली, मटमटाती घुच्ची आँखों के विस्तार में
मात्र एक जीवन भर नहीं
नक्षत्रों के हलचलों के पार तक पहुँचाता विस्तार
एकदम साफ़, नीरव, प्राणवान तत्त्वों का समुच्चय बना
कोई महान सार्थक चुनौतियों से खेलता जीवन है जहाँ
सिर्फ़ और सिर्फ़ जीवन
नहीं है अब इन पुतलियों में चंचलता तो क्या
कितने-कितने दर्शन कुलबुलाते हैं
मृत्यु से भयमुक्त आँखों की इस मुस्कान में
क्या ये ही हैं तथागत की वे आँखें
जिनकी ठंडी आँच ने पिघलाया था
बर्बर अँगुलीमाल का हिंसक संकल्प
या सलीब चढ़ते यीशु की प्रज्ञावान आँखें
बिखरी थीं जिनसे शत्रुओं पर क्षमा की किरणें
अजीब से सन्नाटे के बीच चमकतीं इन आँखों में
कोई दार्शनिक चीख़ता है जैसे
क्या विषपान करते वक़्त ऐसे ही
चमकती थीं सुक़रात की आँखें

निर्भीक, निर्निमेष, निर्दोष, आशाओं से लबालब
तुम्हारी आँखों की इस ज्योति में घुले हैं
जीवन के महाकाव्य के सारे रस
कितना सहज है इनमें झाँककर जानना—

जीवन क्यों और किसके लिए है
और यह भी कि मृत्यु को कैसे जिया जाता है
फिर भी हमारे लिए क्यों सहज नहीं है सहन कर पाना
कि बनी रहेगी अगले तीन दिनों तक
तुम्हारी मृत्यु की प्रबल आशंका!

दो

क्यों नहीं मिला पाते हम तुम्हारी आँखों से अपनी आँखें
जबकि बेहद प्यारी, जादुई आँखें हैं तुम्हारी
इन भयमुक्त आँखों को देखकर तो
किसी का भी भय जाता रहेगा
फिर हमारा भय गहराता क्यों जाता है!
इनमें तो भरा है अथाह जीवन-ज्वार
फिर हमें मृत्यु की परछाईं पीछा करती सी क्यों लगती है
जबकि चन्द्रमा की शीतलता, सूरज का उत्ताप है इनमें
हमारे मन पर अन्धकार के बादल क्यों घिरे जाते हैं!
कितना स्वस्थ, सुन्दर संसार डोलता है इनमें
किन्तु हम निरा अकेला, अशक्त क्यों पाते हैं स्वयं को!
जीने की असंख्य कलायें नाचती हैं इनके डोरों से बँधी
तो हमारे अन्दर अवसाद से भरी ख़ामोशी क्यों है!
कितना मनोरंजक है इन कच्ची आँखों का खुले रहना
ऐसे में हमारा मन बैठा क्यों जाता है!
क्या इसलिए कि मृत्यु को जीतती हुईं तुम्हारी आँखें
हमें जीवन से हारते हुए देख न लें
समझ न लें जीवन के लिए किये जा रहे
हमारे सारे षड्यंत्र, तमाम विश्वासघात
जो मृत्यु के दबाव में किये हैं हमने!
यदि ऐसा है तो हमें क्षमा करो वत्स
क्षमा करो कि तुम्हारी आँखों को आश्वस्त करते हैं
हरगिज़ नहीं देंगे शेष बची ज़िन्दगी के आख़िरी पल तक
अपनी उम्मीदों से इस्तिफ़ा

तीन

ज़ब्त कर रखी हैं हमारी आँखों की नींदें
तुम्हारी मुँदीं आँखों ने पिछले तीन दिनों से
अपनी आँखों में लू का बवंडर लिये व्याकुल हैं हम
तुम्हारी सब्ज़ आँखों की एक झलक पाने को
ज़र्द हो चुकीं हमारी आँखों में नहीं बचा है अब
आँसू का एक भी क़तरा
क्या तुम नहीं देखते
हमारी उनींदीं, बेसब्र आँखों की कातरता
धुँधली पड़ने लगी है तुम्हारी मौन आँखों तक पहुँचने वाली
रौशनी की हर लकीर
इस गुज़रते हुए महाकाल का हर पल हमें
लहूलुहान कर रहा है और शातिर हवा
हमारे अन्दर हादसे सुलगा रही है

यक़ीन करो हमारे नन्हे उस्ताद
जब से हुए हैं तुम्हारी आँखों से रू-ब-रू
हम एक दूसरे के दिलों में और ज़ियादा धँस गये हैं
किसी भयानक अपराध-बोध से आक्रान्त
अपने-अपने भीतर सिर धुन रहे हैं
तुमने सोख ली हैं अपनी शफ़्फ़ाफ़ आँखों से
हमारी चेतना पर जमीं अहं की मोटी परतें
तुम्हारी गूढ़ दृष्टि ने हमें
दिल के धड़कने का सबब समझा दिया है
अब क्या है कि तुम नहीं खोलते अपनी मानीख़ेज़ आँखें!
एक बार भी पलकें उठाते तो शायद
हमारी निस्सहाय आँखों की प्रार्थना सुनाई पड़ती
कि हम सिंदबाद बन तुम्हारी समुद्री आँखों की दुनिया में
बहुत दूर तक सफ़र करना चाहते हैं

चार

कितनी देर से
तुम्हारी बन्द पलकें खटखटा रहे हैं हम

थक चली हैं नज़रें दस्तक देते-देते
बस एक फाँक का इन्तज़ार है
हम घुस जायेंगे बाल भर फाँक में भी
और तुम्हारी अनहदी आँखों की पुतलियों से
चिपका देंगे अपनी आत्मा
फिर क्यों नहीं किसी चमत्कार की तरह निकल भागेगा
हमारी सूखी आँखों का दुर्दान्त अँधेरा
किरण-पुंजों की बौछार से धुल जायेगा
आदमी होने का हमारा दम्भ
वह दुर्लभ रौशनी की गन्ध हमारी साँसों में होगी
शमन कर डालती है जो एक-बारगी
विषाद और कुंठाओं का सारा उन्माद
मन की थकान, भूख-प्यास, रुग्णता, आशंका, अहंकार

अब चाहे जो हो
डटी रहेंगी हमारी विकल आँखें अपने मोरचे पर
तुम्हारी पौ फटने तक
क्योंकि देखना ही है हमें
तुम्हारी तिलस्मी आँखों में घुसकर
अपनी ख़ुशफ़हम आँखों की शवयात्रा का परिदृश्य
अनेक दुखती आँखों के विस्फोट
और भद्र आँखों के भद्दे खेल
ताकि पा सकें
पृथ्वी की विवश आँखों की पीड़ा की थाह

आदिवासी

एक

जंगलों से भी पुरानी एक सभ्यता
पाला है जिसे दरख़्तों से टपकती आग ने
झाड़-झंखाड़ों से भी गझिन एक संस्कृति
जिसे बचाया है
जड़ों से उखाड़ फेंकने वाली आँधियों ने
भाषा कोई पहाड़ों से भी अनगढ़
तपाया है जिसके शब्दों को
सूरज की जानलेवा धूप ने
बच्चों की प्रार्थना से भी निर्दोष कोई परम्परा
जीवित रखा है जिसे
मूसलाधार बारिश की तासीर ने
वज्र से भी कठोर ढाँचा कोई हड्डियों का
गढ़ा है जिसे
धरती को चाक करतीं बिजलियों ने
चाँदी-सोना, हीरा से भी मज़बूत एक सृष्टि
रचा है जिसे छलछलाते पसीने के वजूद ने

पहचानो मेरे भाई!
करियाई मिट्टी में पगी इन आदिमानवों की
लहूलुहान ज़िन्दगी को पहचानो
अपनी आत्मा के गढ़ में छिपा रखे हैं जिसने
तुम्हारी बेशर्म और पगलाई दुनिया के
कथित महामानवों को परास्त करने के सारे हथियार

दो

कन्धे पर उठाये कई-कई युगों के भूगोल
दुखों का गूँगा इतिहास माथे पर
हथेलियों पर लिये
पिघलते हुए समय का चीत्कार
आँखों में भरे
पछाड़ खाते समुद्र की खलबलाहट
सदियों लम्बे धैर्य की तावीज़ गले में बाँधे
पैरों से रौंदते आसमान की बुलन्दी
चला आ रहा जो नंग-धड़ंग
कोई काल-पुरुष तो नहीं
लोटते हैं विषधर जिसके पैरों पर
इशारे पर बाघ-भालू नाचते हैं
चह-चह करतीं चिड़ियाँ स्वागत में बिछाती हुई संगीत
पेड़ों से तोड़-तोड़ डालती हैं फल जिसके मुँह में
सर झुकाये वन, पहाड़, बादल
करते हैं जिसकी क़दमबोसियाँ

डरो मेरे भाई!
इस आदिम परछाईं से डरो
कहीं आ न जाये गिरफ़्त में इसकी
तुम्हारा नाग-पाश
और काफ़ूर हो जाये
तुम्हारा सारा जादू-मन्तर!

ईश्वर

एक

हमें प्रचारित करना होता है ईश्वर को
ताकि लोग सोच सकें ईश्वर के बारे में
और ईश्वर के लोग सोच सकें हमारे बारे में
हमें व्याख्या करनी होती है ईश्वर की महिमा, कृपा की
ताकि ईश्वर के लोग बनाये रहें हम पर कृपा
हमें काम करने होते हैं ईश्वर के पक्ष में
ताकि खड़ा कर सकें
ईश्वर को भी अपने पक्ष में हम
हमें ज़िन्दा रखना होता है
ईश्वर को हर जगह हर चीज़ में, हर विषय में
ताकि जब कभी आये हमारे अस्तित्व पर कोई संकट
ईश्वर के लोग हमें बचा लें
हम ज़िन्दा रह सकें
ईश्वर के ज़िन्दा रहने की शर्त पर

दो

ईश्वर और अनीश्वर के द्वंद्व में
अब तक जीतता आया है ईश्वर
क्योंकि वह अन्धकार में रहता है
तर्कों की रौशनी से जब कोई नहाने लगता है
ईश्वर के लोग उसे अन्धा बना देते हैं
ताकि अन्धकार में वह ईश्वर को देख सके

उसे छू सके, माथा नवा कह सके—
ईश्वर सबसे शक्तिशाली और कल्याणकारी है

तीन

जो भी तनता है ईश्वर की सत्ता के विरुद्ध
ईश्वर के लोग अब
उससे घृणा करने का फ़तवा नहीं जारी करते
आँकते हैं उसकी बुद्धि, उसका कला-कौशल और माद्दा भी
उसे खौलते अदहन में डाल
उसके साथ अघोषित असहयोग कर
उसे उसका दुख बतला
फिर भी अगर ज़िन्दा रह गया
तो उसे ढेर सारी सुविधाओं से नवाज़ते हैं
ताकि दुखों से निकल
वह आ जाये ईश्वर की शरण में

चार

ईश्वर के लोग चिल्लाते रहते हैं ईश्वर...ईश्वर
ताकि ईश्वर को लोग याद रखें
बतलाते रहते हैं दुनिया को ईश्वर की ज़रूरत
बिना ईश्वर के कोई दुनिया नहीं हो सकती
इसलिए बना रहना चाहिए ईश्वर दुनिया के लिए

तमाम सुविधाओं के बावजूद
आदमी पर आये संकट, दुख, क्लेश
ईश्वर के होने का अचूक प्रमाण बतलाते हैं
यदि भूले से आदमी
अपने संकट, दुख का रोना न रोये
तब भी आपदायें बचा लेती हैं ईश्वर का अस्तित्व
दुर्घटनायें ज़िन्दा रखती हैं ईश्वर को
सो निश्चिन्त हैं ईश्वर के लोग
जब तक हैं दुख, संकट, दुर्घटनायें, आपदायें

ईश्वर नहीं मर सकता
सुखी, आनन्दित, हँसते-गाते, संघर्षशील लोगों को
चिल्ला-चिल्ला कर बतलाने की कोशिशें जारी हैं
कि तुम दुखी, संकटग्रस्त, अस्वस्थ और असन्तुष्ट हो

कविता और आदमी

कुहरे से भरे अँधेरे में गतिविहीन जीवन की
सिकुड़न के साथ पल रही कविता
और किसी बाज़ के पंजे में
तड़फड़ाती गौरैये की आतंकित चीख़ में बहुत अन्तर है
गोया किसी फुफकारते हुए व्याल
और चुपचाप उकड़ू बैठे आदमी का तमाशा
अगर कोई कहे
कविता फूल में होती है, तो यह
कविता के आदमी को दरकिनार करने की
अर्थहीन प्रक्रिया होगी
कविता की कोई ख़ास जगह नहीं होती
वह गाँव की पगडंडी पर रह सकती है
ठंड में सर्दी खाते बदन के लिए
अलाव बन सुगबुगाहट ला सकती है
असभ्यता के जंगल में समा
एक जीवित मनुष्य की तरह
सभ्यता की सतह को छू सकती है
टूटते साँकल की आवाज़ ढो सकती है
काँटेदार पेड़ों की त्वचा स्पर्श कर सकती है
कविता की पहचान का मुद्दा उसका आदमी है

सोच और समय को चोंच में दबा
आदमी जब अपना पंख फड़फड़ाता है
कविता उसे आकाश की ऊँचाई में उछाल देती है
ज़मीन में गड़ा हुआ आदमी धुआँ नहीं उगल सकता

अंकुरित होतीं आकांक्षाओं की हत्या कर सकता है
इसलिए कविता को समाधि की दीवारें फोड़
गाँव की पगडंडी और असभ्यता के जंगल में
आदमी को तलाशना है

OOO